언어발달장애 아동을 위한

언어치료 워크북

- 재음절화 및 맞춤법 -

| 저자 소개 |

▻ 강 영 애

현, 충남대학교병원 이비인후과 음성언어치료사
현, 충남대학교 의학연구소 객원연구원

원광대학교 동서보완의학대학원 초빙교수 역임
충남대학교 언어병리학과, 우송정보대 언어재활과, 루터대 언어치료학과 강사 역임

유성 웰니스 재활병원 언어치료실 수석 치료사 역임
충남대학교 임상언어치료실 선임 치료사 역임
가톨릭대학교 성빈센트병원 이비인후과 음성언어치료사 역임

충남대학교 대학원 언어병리학과 석사
충남대학교 대학원 언어병리학과 박사

대한민국 보건복지부 언어재활사 1급 자격
한국언어장애전문가협회 언어치료사 1급 자격
대한민국 교육과학부 정교사(영어) 자격

언어발달장애 아동을 위한

언어치료 워크북

- 재음절화 및 맞춤법 -

발행일 1판 1쇄 2017년 7월 31일 1판 2쇄 2020년 3월 2일 발행인 이진숙
엮은이 강영애 펴낸곳 충남대학교출판문화원 주소 대전광역시 유성구 대학로 99
전화 042-821-6045 홈페이지 http://www.cnupress.co.kr E-mail cnupress@cnu.ac.kr

ISBN 978-89-7599-634-4 03700
정가 20,000원

언어발달장애 아동을 위한

언어치료 워크북

- 재음절화 및 맞춤법 -

강영애

충남대학교출판문화원

머 리 말

'또 오타야!'

출판할 논문을 보내거나, 이메일 발송 후 항상 오타들을 발견한다. 성격이 급해서라는 변명이 통할 때도 있지만 기본적으로 나의 언어적 지식이 부족하기 때문이다. 이런 나의 부족함으로 치료 아동이 잘못된 지식을 배우는가라는 걱정이 된다.

한글에는 연음이라고 알려진, 글자와 소리가 일치하지 않고 재음절화 되는 현상이 있다. 일반아동은 초등학교 때 재음절화 교육을 자연스럽게 익히게 되지만 조음음운장애 아동의 경우 글자를 쓰여 진 대로 읽는 것만으로도 벅찬 경우가 많아 재음절화 과정을 체계적으로 훈련시키기 어렵다. 그러다 보니 아동이 '진리'를 /진니/로, '있어요'를 /인어요/로 발음하는 사례를 종종 본다. 그럴 때 마다 '진리'를 /질리/로, '있어요'를 /이써요/로 알려주어도 아동이 눈을 휘둥그레 뜨고 오히려 날 쳐다본다. 이런 재음절화 내용은 여러 교재에 조금씩 나오고 있으나 한 권에 정리 된 치료용 교재가 없는 것으로 안다. 임상에서 언어치료사들이 활용 가능한 치료용 교재를 만들면서 매 치료시간을 꾸려가기에는 보통 어려운 일이 아니다. 저자를 포함하여 모든 언어치료사들의 공통적인 바람은 현장에서 바로 사용할 수 있는 다양한 언어치료용 교재의 보급이다.

이번 기회에 나의 부족한 점을 돌아보고 내가 치료하는 아동을 위해 교재를 만들게 되었다. 본 교재는 경도의 조음음운장애 및 언어발달장애의 재음절화를 목표로 하는 치료회기에 사용되길 바란다. 책 속에 부족한 부분은 오롯이 저자의 몫이고 좋은 부분만 활용되어지길 소망한다.

본 워크북을 제작하면서 항상 어린 아이인줄 알았는데 이제는 의젓한 아들 지수에게 특별히 사랑과 감사를 전한다. 그는 본 교재의 많은 수정작업을 도와 바쁜 나의 손발이 되어주었다. 또한 명랑하고 밝은 딸 연수와 넓은 마음으로 날 지원해 준 남편에게도 사랑과 미안함을 표한다. 바쁜 병원생활 중 아낌없이 지원해 준 외래 식구들과 애정 어린 격려와 지지를 보내 준 이비인후과 모든 교수님들께 감사를 전하고 특별히 프로젝트를 진행하면서 많은 어려움을 극복할 수 있도록 든든한 후원자가 되어준 구본석, 장재원 교수님께도 존경과 감사를 전한다. 부족한 교재임에도 병원 소속원이 책 발간함에 흔쾌히 추천글을 써주신 송민호 병원장님께도 지면을 통해 그 깊은 인품과 배려에 감사를 전하고 싶다. 끝으로 시대적 소명을 갖고 언어치료워크북을 출판해 주신 충남대학교출판문화원 원장님과 여러 번의 수고를 마다하지 않고 꼼꼼히 편집해주신 김현순 선생님께도 고마움을 전한다.

존경하는 선배 언어치료사 선생님의 '항상 정진하라'는 가르침처럼 언어치료사로서 주어진 나의 이 길을 오늘도 묵묵히 걸어가고 싶다. 이 땅에 모든 언어치료사분들께 존경과 격려의 박수를 보내면서 저자 글을 마치고자 한다.

"오늘도 그대는 수고 많았습니다."

2017. 03. 17

강영애 씀

추천글 1

평상시 발음에 문제가 있는 아이를 데리고 구강 내 문제가 있는지를 알아보기 위해 진료를 보러 오시는 부모님들이 가끔 있다. 그 중에는 구강 내 문제가 있는 경우도 있지만 그렇지 않은 경우도 많다. 발음에 문제가 있는 환아에서 훈련에 의해 좋아지는 것을 많이 보아왔기 때문에 그러한 것들을 도와주는 교재가 있었으면 하는 생각을 많이 하였다. 그러던 차에 충남대학교 병원 강영애 언어치료사가 아동들의 언어 발달을 위한 언어 치료 워크북을 출판하게 되었다는 소식을 접하고 진심으로 감사와 축하를 드린다. 이 워크북은 연음의 재음절화에 대한 내용으로 스스로 학습할 수 있도록 도와주는 언어치료용 교재이다. 경도의 조음음운장애나 언어발달장애를 가진 아이들이 부모의 도움 하에 자율적으로 학습할 수 있어 언어 향상을 위한 좋은 도구가 될 것으로 생각한다. 언어 치료를 필요로 하는 아이들에게 항상 따뜻한 마음으로 치료를 도와주는 강영애 박사의 노고에 감사드리며 앞으로 다양한 언어 치료 분야에서도 뛰어난 성과를 거두어 환자들의 임상 치료에 도움이 되었으면 한다.

충남대학교병원 대외협력센터장/이비인후과

구본석 교수

추 천 글 2

먼저 언어발달장애 아동을 위한 재음절화 및 맞춤법에 대한 언어치료 워크북을 펴내게 된 것에 대하여 충남대학교병원 임직원을 대표하여 진심어린 축하의 말씀을 드립니다.

이번에 발간하는 언어치료 워크북은 초등학교를 다니면서 즐겁게 뛰어 놀아야 할 성장기 어린이들에게 단비와도 같은 기쁜 소식이 될 것입니다. 그리고 현재까지 학령기 아동들의 언어치료를 위한 표준화 된 교재가 없었는데 경도의 조음음운장애와 언어발달장애의 체계적인 재음절화 훈련이 가능하게 되었다는 점에서 더욱 뜻 깊은 결실이라고 생각됩니다.

아무쪼록 이번 기회에 우리병원을 찾는 언어치료 환자들에 대한 진료의 수준이 향상되고 고객의 만족도가 높아지는 계기가 되기를 바랍니다. 마지막으로 언어치료 워크북을 펴내기까지 관심과 열의를 아끼지 않으신 이비인후과 교수님들과 강영애 언어치료사 등 관계자 여러분께 진심으로 감사의 말씀을 전합니다.

충남대학교병원장/내분비대사내과

송민호 교수

목 차

Ⅰ. 목표영역: 한글 자음, 모음 익히기 ······ 13

Ⅱ. 목표영역: 발음

1. 단어연습-글자와 발음의 차이 ······ 19
2. 문장연습-올바른 쓰기 ······ 44
3. 문장연습-글자와 발음의 차이 ······ 88

Ⅲ. 목표영역: 한글맞춤법

1. 혼동하기 쉬운 말 익히기 ······ 119
2. 잘못된 단어 정정하기 ······ 141
3. 올바른 규칙 익히기 ······ 151
4. 높임 말 익히기 ······ 167

• 답안지 ······ 171

I

목표영역

한글 자음, 모음 익히기

Ⅰ. 목표영역

한글 자음, 모음 익히기

1. 한글 자모의 수는 스물 넉자이고, 그 순서와 이름은 다음과 같습니다.

(1) 자음 14개

글자	이름	글자	이름
ㄱ	기역	ㅇ	이응
ㄴ	니은	ㅈ	지읒
ㄷ	디귿	ㅊ	치읓
ㄹ	리을	ㅋ	키읔
ㅁ	미음	ㅌ	티읕
ㅂ	비읍	ㅍ	피읖
ㅅ	시옷	ㅎ	히읗

(2) 모음 10개

글자	이름	글자	이름
ㅏ	아	ㅛ	요
ㅑ	야	ㅜ	우
ㅓ	어	ㅠ	유
ㅕ	여	ㅡ	으
ㅗ	오	ㅣ	이

2. 다음 자음 이름에 맞는 글자를, 글자에 맞는 이름을 쓰세요.

(1)	기역	________	(i)	ㅁ	________
(2)	디귿	________	(ii)	ㅂ	________
(3)	미음	________	(iii)	ㅅ	________
(4)	비읍	________	(iv)	ㅌ	________
(5)	시옷	________	(v)	ㅍ	________
(6)	이응	________	(vi)	ㅎ	________
(7)	치읓	________	(vii)	ㄱ	________
(8)	티읕	________	(viii)	ㄹ	________
(9)	히읗	________	(ix)	ㅈ	________
(10)	리을	________	(x)	ㅇ	________

3. 빈 칸에 차례대로 자음을 채우세요.

(1)

ㄱ	→		→	ㄷ	→		→	ㅁ
→	ㅂ	→		→		→	ㅈ	→
	→	ㅋ	→		→		→	ㅎ

(2)

ㄱ	→	ㄴ	→		→	ㄹ	→	

(3)

ㅁ	→	ㅂ	→		→	ㅇ	→	

(4)

	→	ㄴ	→	ㄷ	→		→	ㅁ

4. 다음 자음 이름으로 바른 것을 고르세요.

(1) 〈 ㄷ 〉

① 디긋　② 디근　③ 디귿

(2) 〈 ㅅ 〉

① 시옷　② 시읏　③ 시온

(3) 〈 ㅊ 〉

① 치윽　② 치읓　③ 치은

(4) 〈 ㅌ 〉

① 티은　② 티읕　③ 티윽

(5) 〈 ㅎ 〉

① 히은　② 히응　③ 히읗

(6) 〈 ㄴ 〉

① 니은　② 니흔　③ 니웅

Ⅱ

목표영역 :

발 음

1. 단어연습-글자와 발음의 차이
2. 문장연습-올바른 쓰기
3. 문장연습-글자와 발음의 차이

Ⅱ. 목표영역 : 발 음

1. 단어연습-글자와 발음의 차이

1. 다음은 글자와 발음이 다른 경우입니다.

	목표단어	[발음]
①	맏이	마지
②	해돋이	해도지
③	굳이	구지
④	같이	가치
⑤	핥이다	할치다
⑥	걷히다	거치다
⑦	닫히다	다치다
⑧	묻히다	무치다
⑨	거북이	거부기
⑩	불어요	부러요

위 표의 발음부분을 가리고 다시 읽어보세요.

2. 다음은 글자와 발음이 다른 경우입니다.

	목표단어	[발음]
①	약속	약쏙
②	약국	약꾹
③	옆	엽
④	여섯	여섣
⑤	여덟	여덜
⑥	열쇠	열쐬/열쌔
⑦	열어요	여러요
⑧	먹어요	머거요
⑨	못	몯
⑩	목걸이	목꺼리

위 표의 발음부분을 가리고 다시 읽어보세요.

3. 다음은 글자와 발음이 다른 경우입니다.

	목표단어	[발음]
①	미안해	미아내
②	바퀴	바퀴/바키
③	신발	신발/심발
④	벗어요	버서요
⑤	버스	버쓰
⑥	업어요	어버요
⑦	입어요	이버요
⑧	할아버지	하라버지
⑨	거북이	거부기
⑩	빗	빋

위 표의 발음부분을 가리고 다시 읽어보세요.

4. 다음은 글자와 발음이 다른 경우입니다.

	목표단어	[발음]
①	(물건을)팔아요	파라요
②	소파	쏘파
③	펭귄	펭귄/펭긴
④	(코를) 풀어요	푸러요
⑤	색연필	생년필
⑥	(빨대를) 빨아요	빠라요
⑦	김밥	김빱
⑧	뻥튀기	뻥튀기/뻥티기
⑨	(휴지를) 뽑아요	뽀바요
⑩	날아요	나라요

위 표의 발음부분을 가리고 다시 읽어보세요.

5. 다음은 글자와 발음이 다른 경우입니다.

	목표단어	[발음]
①	싱크대	씽크대
②	돈가스	돈까스
③	동물원	동무런
④	태권도	태권도/태꿘도
⑤	(물건을) 들어요	드러요
⑥	신호등	시노등
⑦	시디	씨디
⑧	뒤	뒤/디
⑨	산타	싼타
⑩	목욕탕	모굑탕

<u>위 표의 발음부분을 가리고 다시 읽어보세요.</u>

6. 다음은 글자와 발음이 다른 경우입니다.

	목표단어	[발음]
①	넘어져요	너머져요
②	넣어요	너어요
③	신어요	시너요
④	놀이터	노리터
⑤	눈사람	눈싸람
⑥	뉴스	뉴쓰
⑦	색연필	생년필
⑧	닭	닥
⑨	다섯	다섣
⑩	닫아요	다다요

위 표의 발음부분을 가리고 다시 읽어보세요.

7. 다음은 글자와 발음이 다른 경우입니다.

	목표단어	[발음]
①	택시	택씨
②	태극기	태극끼
③	털어요	터러요
④	통닭	통닥
⑤	김밥	김빱
⑥	튀김	튀김/티김
⑦	딱지	딱찌
⑧	막대기	막때기
⑨	때 밀어요	때 미러요
⑩	떡볶이	떡뽀끼

위 표의 발음부분을 가리고 다시 읽어보세요.

8. 다음은 글자와 발음이 다른 경우입니다.

	목표단어	[발음]
①	(봉지를) 뜯어요	뜨더요
②	(풀을) 뜯어요	뜨더요
③	뛰어요	뛰어요/띠어요
④	학교	학꾜
⑤	핫도그	한또그
⑥	할아버지	하라버지
⑦	해수욕장	해수욕짱
⑧	간호사	가노사
⑨	시계	시계/시개
⑩	(옷을) 걸어요	거러요

위 표의 발음부분을 가리고 다시 읽어보세요.

9. 다음은 글자와 발음이 다른 경우입니다.

	목표단어	[발음]
①	먹어요	머거요
②	악어	아거
③	귀	귀/기
④	튀김	튀김/티김
⑤	결혼	겨론
⑥	목욕해요	모교캐요
⑦	슈퍼마켓	슈퍼마켇
⑧	콧물	콘물
⑨	초코렛	초코렌
⑩	크레파스	크레파쓰

위 표의 발음부분을 가리고 다시 읽어보세요.

10. 다음은 글자와 발음이 다른 경우입니다.

	목표단어	[발음]
①	깎아요	까까요
②	깜깜해요	깜까매요
③	꽥꽥	꽥꽥/깩깩
④	꺾어요	꺼꺼요
⑤	옷걸이	옫꺼리
⑥	목걸이	목꺼리
⑦	바꿔요	바꿔요/바꺼요
⑧	(꽃을) 꽂아요	꼬자요
⑨	꽃	꼳
⑩	(전화를) 끊어요	끄너요

위 표의 발음부분을 가리고 다시 읽어보세요.

11. 다음은 글자와 발음이 다른 경우입니다.

	목표단어	[발음]
①	쥐	쥐/지
②	다람쥐	다람쥐/다람지
③	할아버지	하라버지
④	장난감	장난깜
⑤	잡아요	자바요
⑥	찾아요	차자요
⑦	(주사를) 맞아요	마자요
⑧	앉아요	안자요
⑨	재미있어요	재미이써요
⑩	접시	접씨

위 표의 발음부분을 가리고 다시 읽어보세요.

12. 다음은 글자와 발음이 다른 경우입니다.

	목표단어	[발음]
①	운전해요	운저내요
②	주스	주쓰
③	줄넘기	줄넘끼
④	치과	치꽈
⑤	칫솔	치쏠
⑥	차례차례	차래차래
⑦	찾아요	차자요
⑧	진찰해요	진차래요
⑨	책상	책쌍
⑩	책꽂이	책꼬지

위 표의 발음부분을 가리고 다시 읽어보세요.

13. 다음은 글자와 발음이 다른 경우입니다.

	목표단어	[발음]
①	축구공	축꾸공
②	축하해요	추카해요
③	(사진) 찍어요	찌거요
④	(우유병) 젖꼭지	저꼭찌
⑤	짧아요	짤바요
⑥	자장면	짜장면
⑦	빗자루	빋자루
⑧	맥주	맥쭈
⑨	립스틱	립쓰틱
⑩	린스	린쓰

위 표의 발음부분을 가리고 다시 읽어보세요.

14. 다음은 글자와 발음이 다른 경우입니다.

	목표단어	[발음]
①	빨아요	빠라요
②	날아요	나라요
③	발가락	발까락
④	손가락	손까락
⑤	눈사람	눈싸람
⑥	젓가락	전까락
⑦	숟가락	숟까락
⑧	가스렌지	가쓰렌지
⑨	크레파스	크레파쓰
⑩	열어요	여러요

위 표의 발음부분을 가리고 다시 읽어보세요.

15. 다음은 글자와 발음이 다른 경우입니다.

	목표단어	[발음]
①	울어요	우러요
②	물어요	무러요
③	들어요	드려요
④	밀어요	미러요
⑤	때 밀어요	때 미러요
⑥	틀어요	트러요
⑦	쓸어요	쓰러요
⑧	흔들어요	흔드러요
⑨	일어나요	이러나요
⑩	그릇	그른

위 표의 발음부분을 가리고 다시 읽어보세요.

16. 다음은 글자와 발음이 다른 경우입니다.

	목표단어	[발음]
①	빗어요	비서요
②	솥	솓
③	손가락	손까락
④	숟가락	숟까락
⑤	옥수수	옥쑤수
⑥	씻어요	씨서요
⑦	택시	택씨
⑧	(껌을) 씹어요	씨버요
⑨	쇼핑/쇼핑백	쑈핑/쑈핑빽
⑩	쿠션	쿠쎤

위 표의 발음부분을 가리고 다시 읽어보세요.

17. 다음은 글자와 발음이 다른 경우입니다.

	목표단어	[발음]
①	시냇물	시낸물
②	택시	택시/택씨
③	시원해요	시워내요
④	셋	섿
⑤	세탁기	세탁끼
⑥	새끼손가락	새끼손까락
⑦	색종이	색쫑이
⑧	여섯	여섣
⑨	다섯	다섣
⑩	벗어요	버서요

위 표의 발음부분을 가리고 다시 읽어보세요.

18. 다음은 글자와 발음이 다른 경우입니다.

	목표단어	[발음]
①	돈가스	돈까스
②	주스	주쓰
③	버스	버쓰
④	물파스	물파쓰
⑤	마우스	마우쓰
⑥	드레스	드레쓰
⑦	미키마우스	미키마우쓰
⑧	가스렌지	가쓰렌지/까스렌지
⑨	크레파스	크레파쓰
⑩	아이스크림	아이쓰크림

위 표의 발음부분을 가리고 다시 읽어보세요.

19. 다음은 글자와 발음이 다른 경우입니다.

	목표단어	[발음]
①	사이펜	싸인펜
②	쌓아요	싸아요
③	눈사람	눈싸람
④	책상	책쌍
⑤	소파	쏘파
⑥	썰어요	써러요
⑦	쏟아요	쏘다요
⑧	젖소	젇쏘
⑨	칫솔	치쏠
⑩	소시지	쏘시지

위 표의 발음부분을 가리고 다시 읽어보세요.

20. 다음은 글자와 발음이 다른 경우입니다.

	목표단어	[발음]
①	약속해요	약쏘캐요
②	입술	입쑬
③	접시	접씨
④	덥다	덥따
⑤	입다	입따
⑥	없다	업따
⑦	나뭇잎	나문닙
⑧	맵다	맵따
⑨	춥다	춥따
⑩	군인	구닌

위 표의 발음부분을 가리고 다시 읽어보세요.

21. 다음은 글자와 발음이 다른 경우입니다.

	목표단어	[발음]
①	숟가락	숟까락
②	핫도그	한또그
③	초코렛	초코렌
④	빗자루	빈자루
⑤	옷걸이	온걸이
⑥	젓가락	전까락
⑦	인형	이녕
⑧	은행	으냉
⑨	신호등	시노등
⑩	동물원	동무런

위 표의 발음부분을 가리고 다시 읽어보세요.

22. 다음은 글자와 발음이 다른 경우입니다.

	목표단어	[발음]
①	앉아	안자
②	손수건	손쑤건
③	자장면	짜장면
④	돈가스	돈까쓰
⑤	꽃	꼳
⑥	빗	빋
⑦	옷	옫
⑧	셋	섿
⑨	붓	붇
⑩	못	몯

위 표의 발음부분을 가리고 다시 읽어보세요.

23. 다음은 글자와 발음이 다른 경우입니다.

	목표단어	[발음]
①	발가락	발까락
②	손가락	손까락
③	색종이	색쫑이
④	옥수수	옥쑤수
⑤	세탁기	세탁끼
⑥	태극기	태극끼
⑦	목걸이	목꺼리
⑧	꼭꼭 약속해	꼭꼭 약소캐
⑨	촛불	초뿔
⑩	빨대	빨때

위 표의 발음부분을 가리고 다시 읽어보세요.

24. 다음은 글자와 발음이 다른 경우입니다.

	목표단어	[발음]
①	다섯	다섣
②	넷	넫
③	버섯	버섣
④	그릇	그륻
⑤	밥솥	밥쏟
⑥	빗다	빋따
⑦	웃다	욷따
⑧	연못	연몯
⑨	젓소	젇쏘
⑩	같다	갇따

위 표의 발음부분을 가리고 다시 읽어보세요.

25. 다음은 글자와 발음이 다른 경우입니다.

	목표단어	[발음]
①	딱지	딱찌
②	학교	학꾜
③	택시	택씨
④	깎다	깍따
⑤	먹다	먹따
⑥	맥주	맥쭈
⑦	약국	약꾹
⑧	책상	책쌍
⑨	숙제	숙쩨
⑩	젓가락	전까락

<u>위 표의 발음부분을 가리고 다시 읽어보세요.</u>

2. 문장연습-올바른 쓰기

1. 아래 글을 읽어보세요.

① 그 사람은 나를 간간이 찾아왔다

② 마음을 느긋이 가져라.

③ 종소리가 고요히 들려온다.

④ 하늘을 나는 피티팬

⑤ 나침반(나침판*) 발명은 큰 사건이었다.

⑥ 널빤지를 좀 가져와라.

⑦ 엄마가 그러는데 희영이가 예뻤대.

⑧ 오늘 시원한데.

⑨ 그러면 안 돼요.

⑩ 일이 잘 됐다.

*나침반,나침판은 둘 다 사용됨

1-1. 다음 중 올바른 것에 동그라미 하세요.

① 그 사람은 나를 (간간이 / 간간히) 찾아왔다.

② 마음을 (느긋이 / 느긋히) 가져라.

③ 종소리가 (고요이 / 고요히) 들려온다.

④ 하늘을 (나는 / 날으는) 피터팬

⑤ (나침반 / 나침판) 발명은 큰 사건이었다.

⑥ (널빤지 / 널판지)를 좀 가져와라.

⑦ 엄마가 그러는데 희영이가 (예뻤대/ 예뻤데)

⑧ 오늘 (시원하대 / 시원한데)

⑨ 그러면 안 (돼요 / 되요).

⑩ 일이 잘 (됐다 / 됬다).

2. 아래 글을 읽어보세요.

① 길가에서 노는 아이들

② 어찌나 미안하던지 머리만 긁적이고 있었다.

③ 가든지 오든지 마음대로 해.

④ 어제 보니까 영애가 참 예쁘데.

⑤ 그러면 안 돼요.

⑥ 지금 출발해도 돼.

⑦ 아빠가 훌륭한 사람이 되라고 말씀하셨다.

⑧ 두 살배기 아이

⑨ 역사적 사명을 띠고 이곳에 왔다.

⑩ 눈에 띄는 행동을 하지 마라.

2-1. 다음 중 올바른 것에 동그라미 하세요.

① 길가에서 (노는 / 놀으는) 아이들

② 어찌나 (미안하든지 / 미안하던지) 머리만 긁적이고 있었다.

③ (가든지 / 가던지) (오든지 / 오던지) 마음대로 해.

④ 어제 보니까 영애가 참 (예쁘대 / 예쁘데).

⑤ 그러면 안 (돼요 / 되요).

⑥ 지금 출발해도 (돼 / 되).

⑦ 아빠가 훌륭한 사람이 (돼라고 / 되라고) 말씀하셨다.

⑧ (두 살배기 / 두 살박이) 아이

⑨ 역사적 사명을 (띠고 / 띄고) 이곳에 왔다.

⑩ 눈에 (띠는 / 띄는) 행동을 하지 마라.

3. 아래 글을 읽어보세요.

① 안으로 들어가지 마십시오.

② 안으로 들어가지 마시오.

③ 조각상을 만듦

④ 그 질문에 답을 맞혔다.

⑤ 정답과 내 답을 맞춰 보았다.

⑥ 하루 일을 마쳤다.

⑦ 우리의 바람은 통일입니다.

⑧ 사진의 색이 바랬다.

⑨ 백분율로 표시하라.

⑩ 사업을 벌이다.

3-1. 다음 중 올바른 것에 동그라미 하세요

① 안으로 들어가지 (마십시오 / 마십시요).

② 안으로 들어가지 (마시오 / 마시요).

③ 조각상을 (만듦 / 만듬)

④ 그 질문에 답을 (맞췄다 / 맞혔다).

⑤ 정답과 내 답을 (맞춰 / 맞혀) 보았다.

⑥ 하루 일을 (맞쳤다 / 마쳤다).

⑦ 우리의 (바람 / 바램)은 통일입니다.

⑧ 사진의 색이 (바랐다 / 바랬다).

⑨ (백분률 / 백분율)로 표시하라.

⑩ 사업을 (벌이다 / 벌리다).

4. 아래 글을 읽어보세요.

① 윗도리를 잘 개어라.

② 점심상을 간소히 차렸다.

③ 인형사가 꼭두각시 인형을 꺼냈다.

④ 마른 몸에 갈빗대가 보였다.

⑤ 쌉싸래한 가루약을 먹었다.

⑥ 길에서 갑자기 멈추지 마라.

⑦ 접이식칼은 간편히 칼을 접을 수 있다.

⑧ 콘서트가 끝나자 모두 뿔뿔이 흩어졌다.

⑨ 내가 잃어버린 자를 찾았다.

⑩ 할아버지, 진지 잡수세요.

4-1.다음 중 올바른 것에 동그라미 하세요.

① (윗도리 / 웃도리)를 잘 개어라.

② 점심상을 (간소이 / 간소히) 차렸다.

③ 인형사가 (꼭두각시 / 꼭둑각시) 인형을 꺼냈다.

④ 마른 몸에 (갈비대 / 갈빗대)가 보였다.

⑤ (씁쓰름한 / 씁싸래한) 가루약을 먹었다.

⑥ 길에서 (갑짜기 / 갑자기) 멈추지 마라.

⑦ 접이식칼은 (간편이 / 간편히) 칼을 접을 수 있다.

⑧ 콘서트가 끝나자 모두 (뿔뿔히 / 뿔뿔이) 흩어졌다.

⑨ 내가 (잃어버린 / 잊어버린) 자를 찾았다.

⑩ 할아버지, 진지 (잡수세오 / 잡수세요).

5. 아래 글을 읽어보세요.

① 여행갈 채비를 마쳤다.

② 아등바등 살아도 안 되더라.

③ 괜히 속이 켕긴다.

④ 짬뽕을 시켰는데 뜬금없이 만두가 왔다.

⑤ 우리가족은 모두 안절부절 못했다.

⑥ 이웃집 아저씨는 주책없이 매일 밤 떠든다.

⑦ 놀이터의 철봉들이 모두 녹슬었다.

⑧ 나희야. 장남감 상자를 끌어라.

⑨ 햇빛이 강해서 눈살을 찌푸리게 된다.

⑩ 요리사가 젓가락을 거꾸로 집었다.

5-1. 다음 중 올바른 것에 동그라미 하세요.

① 여행갈 (차비 / 채비)를 마쳤다.

② (아등바등 / 아둥바둥) 살아도 안 되더라.

③ 괜히 속이 (캥긴다 / 켕긴다).

④ 짬뽕을 시켰는데 (뜸금없이 / 뜬금없이) 만두가 왔다.

⑤ 우리가족은 모두 (안절부절했다 / 안절부절 못했다).

⑥ 이웃집 아저씨는 (주책없이 / 주착없이) 매일 밤 떠든다.

⑦ 놀이터의 철봉들이 모두 (녹쓸었다 / 녹슬었다).

⑧ 나희야. 장남감상자를 (끄어라 / 끌어라).

⑨ 햇빛이 강해서 (눈쌀 / 눈살)을 찌푸리게 된다.

⑩ 요리사가 젓가락을 (거꾸로 / 꺼꾸로) 집었다.

6. 아래 글을 읽어보세요.

① 우리들은 학예회 준비로 바빴다.

② 이 문제의 답을 찾기 어렵습니다.

③ 색종이 나부랭이는 빨리 치워라!

④ 시계바늘이 1시를 가리켰다.

⑤ 눈밭에서 핀 꽃이 참으로 가냘프게 보였다.

⑥ 엄마가 맛있는 칼국수를 만들었다.

⑦ 문방구에 사람이 그다지 많지 않았다.

⑧ 양치기 소년의 모험은 이야깃거리가 되었다.

⑨ 따뜻한 밥 냄새에 배속이 든든했다.

⑩ 국밥이 뚝배기에 담겨 나왔다.

6-1.다음 중 올바른 것에 동그라미 하세요.

① 우리들은 학예회 준비로 (바팠다 / 바빴다).

② 이 문제의 답을 찾기 (어럽습니다 / 어렵습니다).

③ 색종이 (나부랑이 / 나부랭이)는 빨리 치워라!

④ 시계바늘이 1시를 (가르쳤다 / 가리켰다).

⑤ 눈밭에서 핀 꽃이 참으로 (갸날프게 / 가냘프게) 보였다.

⑥ 엄마가 맛있는 (칼국수 / 칼국시)를 만들었다.

⑦ 문방구에 사람이 (그다지 / 그닥) 많지 않았다.

⑧ 양치기 소년의 모험은 (이야기거리 / 이야깃거리)가 되었다.

⑨ 따뜻한 밥 (냄새 / 내음새)에 배속이 든든했다.

⑩ 국밥이 (뚝빼기 / 뚝배기)에 담겨 나왔다.

7. 아래 글을 읽어보세요.

① 엄마의 얼굴이 금세 밝아졌다.

② 바닥의 얼룩이 눈에 띈다.

③ 이번 여름은 몹시 더웠다.

④ 이번 시험은 두 차례에 걸쳐 치러진다.

⑤ 컴퓨터 플러그가 제대로 꽂혀있니?

⑥ 아버지는 방에 계십니다.

⑦ 그 의사는 병을 잘 고친다.

⑧ 엄마가 고기를 깻잎에 싸서 주셨다.

⑨ 사탕을 공평히 나누자.

⑩ 과감히 상처딱지를 떼었다.

7-1. 다음 중 올바른 것에 동그라미 하세요.

① 엄마의 얼굴이 (금세 / 금새) 밝아졌다.

② 바닥의 얼룩이 눈에 (띤다 / 띈다).

③ 이번 여름은 (몹시 / 몹씨) 더웠다.

④ 이번 시험은 두 차례에 걸쳐 (치뤄진다 / 치러진다).

⑤ 컴퓨터 플러그가 제대로 (꼽혀 / 꽂혀) 있니?

⑥ 아버지는 방에 (게십니다 / 계십니다).

⑦ 그 의사는 병을 잘 (고친다 / 낫운다).

⑧ 엄마가 고기를 (깨잎 / 깻잎)에 싸서 주셨다.

⑨ 사탕을 (공평히 / 공평이) 나누자.

⑩ (과감히 / 과감이) 상처딱지를 떼었다.

8. 아래 글을 읽어보세요.

① 고양이가 쥐를 보고 달려들었다.

② 경찰들이 목청 돋워 교통안내를 했다.

③ 돌멩이 하나, 자갈 둘

④ 나경이는 달리다가 돌길에 넘어졌다.

⑤ 경희는 잘못을 어물쩍 넘어가려고 했다.

⑥ 대한민국은 한국으로도 불린다.

⑦ 침낭을 배낭에 잘 챙겨라.

⑧ 비행기에서 미리 자둘걸 그랬다.

⑨ 강변에 핀 코스모스는 얼마나 예쁠까?

⑩ 아영이는 소풍을 일찍 떠나려고 준비했다.

8-1. 다음 중 올바른 것에 동그라미 하세요.

① 고양이가 쥐를 보고 (달라 / 달려)들었다.

② 경찰들이 목청 (돋워 / 돋구워) 교통안내를 했다.

③ (돌맹이 / 돌멩이) 하나, 자갈 둘

④ 나경이는 달리다가 (돌길 / 돌팍길)에 넘어졌다.

⑤ 경희는 잘못을 (어물쩍 / 어물적) 넘어가려고 했다.

⑥ 대한민국은 한국으로도 (불리운다 / 불린다).

⑦ 침낭을 (배낭 / 베낭)에 잘 챙겨라.

⑧ 비행기에서 미리 (자둘걸 / 자둘껄) 그랬다.

⑨ 강변에 핀 코스모스는 얼마나 (예쁠가 / 예쁠까)?

⑩ 아영이는 소풍을 일찍 (떠나려고 / 떠날려고) 준비했다.

9. 아래 글을 읽어보세요.

① 엄마가 된장국을 다시 데우고 있다.

② 고양이가 나비를 쫓고 있다.

③ 과일은 껍질째 먹어야 몸에 좋다.

④ 성벽으로 둘러싸인 황금의 도시

⑤ 뉴턴이 발견한 만유인력의 법칙.

⑥ 저 자동차 멋지던데!

⑦ 오늘 축구시합이 있대.

⑧ 백발 대장장이의 손에 굳은살이 박여있다.

⑨ 한번 박인 버릇을 고치기는 어렵다.

⑩ 화살이 과녁에 박혔다.

9-1. 다음 중 올바른 것에 동그라미 하세요.

① 엄마가 된장국을 다시 (덮히고 / 데우고) 있다.

② 고양이가 나비를 (쫓고 / 좇고) 있다.

③ 과일은 (껍질째 / 껍질채) 먹어야 몸에 좋다.

④ 성벽으로 (둘러쌓인 / 둘러싸인) 황금의 도시

⑤ 뉴턴이 발견한 만유(일력 / 인력)의 법칙.

⑥ 저 자동차 (멋지던데 / 멋지던대)!

⑦ 오늘 축구시합이 (있데 / 있대).

⑧ 백발 대장장이의 손에 굳은살이 (박혀있다 / 박여있다).

⑨ 한번 (박힌 / 박인) 버릇을 고치기는 어렵다.

⑩ 화살이 과녁에 (박였다 / 박혔다).

10. 아래 글을 읽어보세요.

① 영희가 귀띔으로 시험범위를 알려주었다.

② 귓밥이 가려웠다.

③ 설렘은 사랑에 빠진 청년의 마음이다.

④ 소녀는 수줍게 웃었다.

⑤ "아차! 색종이를 까먹었다."

⑥ 얼떨결에 민아는 반장이 되었다.

⑦ 정윤이는 학교생활에 숙맥이다.

⑧ 고양이는 담벼락에서 몸을 척 젖힌 채 낮잠을 잤다.

⑨ 선생님의 말에 우경은 고개를 끄떡거렸다.

⑩ 하루살이들이 날아다닌다.

10-1. 다음 중 올바른 것에 동그라미 하세요.

① 영희가 (귀띔 / 귀뜸)으로 시험범위를 알려주었다.

② (귀밥 / 귓밥)이 가려웠다.

③ (설렘 / 설레임)은 사랑에 빠진 청년의 마음이다.

④ 소녀는 (수줍이 / 수줍게) 웃었다.

⑤ "(앗차 / 아차)! 색종이를 까먹었다."

⑥ (얼떨김 / 얼떨결)에 민아는 반장이 되었다.

⑦ 정윤이는 학교생활에 (쑥맥 / 숙맥)이다.

⑧ 고양이는 담벼락에서 몸을 척 (제낀 / 젖힌) 채 낮잠을 잤다.

⑨ 선생님의 말에 우경은 고개를 (주억거렸다 / 끄떡거렸다).

⑩ (하루살이 / 하루사리)들이 날아다닌다.

11. 아래 글을 읽어보세요.

① 이모가 새색시가 되었다.

② 반장이 학급회의에 안건이 있는지 물었다.

③ 담벼락을 벽돌로 메웠다.

④ 식사 후에 설거지를 해라.

⑤ 어느덧 철수는 어른이 되었다.

⑥ 거울에 내 얼굴이 비춰졌다.

⑦ 그의 누나는 팔방미인으로 불리고 있다.

⑧ 그렇든지 말든지, 난 관심 없다.

⑨ 거짓말은 나쁘다. 그렇지만 거짓말을 해야 만 할 때도 있다.

⑩ 그쪽에 내 가방이 있어.

11-1. 다음 중 올바른 것에 동그라미 하세요.

① 이모가 (새색시 / 새색씨)가 되었다.

② 반장이 학급회의에 (안건 / 안껀)이 있는지 물었다.

③ 담벼락을 벽돌로 (메꿨다 / 메웠다).

④ 식사 후에 (설겆이 / 설거지)를 해라.

⑤ (어느듯 / 어느덧) 철수는 어른이 되었다.

⑥ 거울에 내 얼굴이 (비쳐졌다 / 비춰졌다).

⑦ 그의 누나는 팔방미인으로 (불리우고 / 불리고) 있다.

⑧ (그렇든지 / 그렇던지) 말든지, 난 관심 없다.

⑨ 거짓말은 나쁘다. (그렇치만 / 그렇지만) 거짓말을 해야 만 할 때도 있다.

⑩ (그짝에 / 그쪽에) 내 가방이 있어.

12. 아래 글을 읽어보세요.

① 소나기가 내리자 사람들이 급히 비를 피했다.

② 3연승한 프랑스 축구팀이 기승떨고 있다.

③ 역 앞에서 파는 단팥빵을 기필코 먹을 것이다.

④ 첨단장비는 취급이 까다롭다.

⑤ 이 방은 먼지가 가득합니다.

⑥ 공터 한쪽에 화단을 만들었다.

⑦ 이번 달리기성적이 실망스럽다.

⑧ 이웃집 개는 걸핏하면 짖었다.

⑨ 아빠 낚싯대가 거실에 있다.

⑩ 추운 날에는 따듯한 음식이 생각난다.

12-1. 다음 중 올바른 것에 동그라미 하세요.

① 소나기가 내리자 사람들이 (급이 / 급히) 비를 피했다.

② 3연승한 프랑스 축구팀이 (기승뜰고 / 기승떨고) 있다.

③ 역 앞에서 파는 단팥빵을 (기필고 / 기필코) 먹을 것이다.

④ 첨단장비는 취급이 (까탈스럽다 / 까다롭다).

⑤ 이 방은 먼지가 (까득 / 가득) 합니다.

⑥ 공터 (한켠 / 한쪽)에 화단을 만들었다.

⑦ 이번 달리기성적이 (실망스럽다 / 실망이다).

⑧ 그 개는 (꺼떡하면 / 걸핏하면) 짖었다.

⑨ 아빠 (낚싯대 / 낚시대)가 거실에 있다.

⑩ 추운 날에는 따듯한 음식이 (생각되다 / 생각난다).

13. 아래 글을 읽어보세요.

① 이 동그랑땡은 돼지고기로 만들었다.

---

② 멀리 이사하니 모든 게 낯선 것들이다.

---

③ 그녀는 남편이 무사히 돌아오기를 바란다.

---

④ 세 살배기 꼬마가 사마귀를 잡았다.

---

⑤ 캠프파이어를 위해 불을 피워라.

---

⑥ 오늘은 단 맛이 당긴다.

---

⑦ 악어가 고기를 덥석 물었다.

---

⑧ 야구공이 유리를 깨트렸다.

---

⑨ 고기 먹게 깻잎을 가져와라.

---

⑩ 풍물놀이에 꽹과리를 뺄 수 없다.

13-1. 다음 중 올바른 것에 동그라미 하세요.

① 이 동그랑땡은 (돼지고기 / 돼지꼬기)로 만들었다.

② 멀리 이사하니 모든 게 (낯선 / 낯설은) 것들이다.

③ 그녀는 남편이 무사히 돌아오기를 (바랜다 / 바란다).

④ (세 살바기 / 세 살배기) 꼬마가 사마귀를 잡았다.

⑤ 캠프파이어를 위해 불을 (피우라 / 피워라).

⑥ 오늘은 단 맛이 (땡긴다 / 당긴다).

⑦ 악어가 고기를 (덥썩 / 덥석) 물었다.

⑧ 야구공이 유리를 (캐트렸다 / 깨트렸다).

⑨ 고기 먹게 (깻잎 / 깨잎)을 가져와라.

⑩ 풍물놀이에 (깽가리 / 꽹과리)를 뺄 수 없다.

14. 아래 글을 읽어보세요.

① 양치기노인은 꾸준히 나무를 심었다.

② 끄나풀을 엮어 새끼줄을 만들었다.

③ 문턱에 발부리가 걸려 넘어졌다.

④ 솜이불을 켜켜이 쌓았다.

⑤ 국밥집에 들르는 경우가 잦아졌다.

⑥ 바람을 타고 종이비행기가 날아가다.

⑦ 작가는 마감 전날 밤을 샜다.

⑧ '쐬다'의 과거형은 '쐬었다'이다.

⑨ 도착하면 전화할게.

⑩ 욕된 이름을 버렸다.

14-1. 다음 중 올바른 것에 동그라미 하세요.

① 양치기노인은 (꾸준히 / 꾸준이) 나무를 심었다.

② (끄나불 / 끄나풀)을 엮어 새끼줄을 만들었다.

③ 문턱에 (발부리 / 발뿌리)가 걸려 넘어졌다.

④ 솜이불을 (켜켜이 / 켜켜히) 쌓았다.

⑤ 국밥집에 들르는 경우가 (잣아졌다 / 잦아졌다).

⑥ 바람을 타고 종이비행기기 (날라가다 / 날아가다).

⑦ 작가는 마감 전날 밤을 (새었다 / 샜다).

⑧ '쐬다'의 과거형은 '(쐬였다 / 쐬었다)'이다.

⑨ 도착하면 전화(할께 / 할게).

⑩ (오욕된 / 욕된) 이름을 버렸다.

15. 아래 글을 읽어보세요.

① 화재현장은 흉측했다.

② 요즘 망측한 사람이 많다.

③ 31번 운동선수는 계속 뒤처지고 있다.

④ 누가 컵을 뒤집어 꽂았다.

⑤ 우리가족은 웬만하면 아침에 밥을 먹는다.

⑥ 웬일인지 비가 내렸다.

⑦ 왠지 좋은 일이 생길 것 같은 기분이다.

⑧ "부스럭대는 소리를 누가 내었느냐!"

⑨ 오늘저녁은 육개장이다.

⑩ 강가에 나룻배가 한 척 있다.

15-1.다음 중 올바른 것에 동그라미 하세요.

① 화재현장은 (흉측 / 흉칙)했다.

② 요즘 (망측 / 망칙)한 사람이 많다.

③ 31번 마라토너는 계속 (뒤쳐지고 / 뒤처지고) 있다.

④ 누가 컵을 (뒤집어 / 뒤짚어) 꽂았다.

⑤ 우리가족은 (왠만하면 / 웬만하면) 아침에 밥을 먹는다.

⑥ (웬 / 왠)일인지 비가 내렸다.

⑦ (웬지 / 왠지) 좋은 일이 생길 것 같은 기분이다.

⑧ "(부스럭대는 / 부시럭대는) 소리를 누가 내었느냐!"

⑨ 오늘저녁은 (육계장 / 육개장)이다.

⑩ 강가에 (나루배 / 나룻배)가 한 척 있다.

16. 아래 글을 읽어보세요.

① 선생님은 나만 나무라신다.

② 바람이 불자 나뭇가지가 꺾였다.

③ 나팔을 불어 우리의 행진을 알려라.

④ 그는 소문난 멋쟁이다.

⑤ 여기로 계속가면 낭떠러지가 나온다.

⑥ 비가 부슬부슬 내리는 날은 우울하다.

⑦ 아름이는 기꺼이 내 선물을 받아주었다.

⑧ 닷새 뒤에 택배가 온다.

⑨ "오늘 저녁은 어떡해?"

⑩ 추위에 아이가 몸을 움츠렸다.

16-1. 다음 중 올바른 것에 동그라미 하세요.

① 선생님은 나만 (나무래신다 / 나무라신다).

② 바람이 불자 (나무가지 / 나뭇가지)가 꺾였다.

③ (나팔 / 나발)을 불어 우리의 행진을 알려라.

④ 그는 소문난 (멋쟁이 / 멋장이)다.

⑤ 여기로 계속가면 (낭떨어지 / 낭떠러지)가 나온다.

⑥ 비가 (부실부실 / 부슬부슬) 내리는 날은 우울하다.

⑦ 아름이는 (기꺼히 / 기꺼이) 내 선물을 받아주었다.

⑧ (닷새 / 닷세) 뒤에 택배가 온다.

⑨ "오늘 저녁은 (어떻해 / 어떡해)?"

⑩ 추위에 아이가 몸을 (움추렸다 / 움츠렸다).

17. 아래 글을 읽어보세요.

① 상대방이 어찌 생각할는지는 몰라.

② 나이가 드니 조금만 무리해도 힘이 부치다.

③ 엄마가 부침개를 부치고 있다.

④ 라면을 끓이려면 냄비에 물을 넣어라.

⑤ 승훈아. 우체국에서 소포를 부쳐주겠니?

⑥ 싸움은 말리고, 흥정은 붙여라.

⑦ 책상에 이름표를 붙여라.

⑧ 내 친구는 카드 모으기에 취미를 붙였다.

⑨ 승훈이는 다른 사람에게 별명을 붙인다.

⑩ 계약서에 조건들을 붙였다.

17-1. 다음 중 올바른 것에 동그라미 하세요.

① 상대방이 어찌 (생각할는지 / 생각할런지)는 몰라.

② 나이가 드니 조금만 무리해도 힘이 (붙이다 / 부치다).

③ 엄마가 부침개를 (붙이고 / 부치고) 있다.

④ 라면을 끓이려면 (남비 / 냄비)에 물을 넣어라.

⑤ 승훈아. 우체국에서 소포를 (부쳐 / 붙여)주겠니?

⑥ 싸움은 말리고, 흥정은 (부쳐라 / 붙여라).

⑦ 책상에 이름표를 (부쳐라 / 붙여라).

⑧ 내 친구는 카드 모으기에 취미를 (부쳤다 / 붙였다).

⑨ 승훈이는 다른 사람에게 별명을 (부친다 / 붙인다).

⑩ 계약서에 조건들을 (부쳤다 / 붙였다).

18. 아래 글을 읽어보세요.

① 왕의 양산을 받치고 있는 하인들.

② 천막에 기둥을 받치다.

③ 인자한 미소를 가진 마을 이장님

④ 질병치료에 일생을 바친 의사를 난 보았다.

⑤ 바람이 산맥에 부딪치다.

⑥ 저녁밥을 먹고 나서 속이 더부룩했다.

⑦ 아이와 부딪혔다.

⑧ 배가 파도에 부딪쳤다.

⑨ 친구들은 힘든 일에도 팔을 걷어붙이고 나서서 도왔다.

⑩ 세상이 떠들썩했다.

18-1. 다음 중 올바른 것에 동그라미 하세요.

① 왕의 양산을 (바치고 / 받치고) 있는 하인들

② 천막에 기둥을 (받히다 / 받치다).

③ 인자한 미소를 가진 마을 (이장 / 리장)님

④ 질병치료에 일생을 (받힌 / 바친) 의사를 난 보았다.

⑤ 바람이 산맥에 (부딪였다 / 부딪치다).

⑥ 저녁밥을 먹고 나서 속이 (더불룩했다 / 더부룩했다).

⑦ 아이와 (부딪쳤다 / 부딪혔다).

⑧ 배가 파도에 (부딪쳤다 / 부딪혔다).

⑨ 친구들은 힘든 일에도 팔을 (걷어부치고 / 걷어붙이고) 나서서 도왔다.

⑩ 세상이 (떠득썩 / 떠들썩)했다.

19. 아래 글을 읽어보세요.

① 그는 한국에서 나은 세계적 과학자다.

② 그녀는 팔을 걷어붙이고 나섰다.

③ 떡볶이는 한 접시에 2천원이래.

④ 내 일은 도토리를 낱낱이 조사하는 것이다.

⑤ 냇물이 더럽다.

⑥ 장군은 상처의 아픔을 내색하지 않았다.

⑦ 냠냠거리며 먹는 아이가 귀여웠다.

⑧ 진지한 자리에서 농지거리 하지마라.

⑨ 영훈이가 반장에 당선되려면 2표가 더 필요하다.

⑩ 할아버지는 자선가다. 그러므로 고향에서 존경받았다.

19-1. 다음 중 올바른 것에 동그라미 하세요.

① 그는 한국에서 (낳은 / 나은) 세계적 과학자다.

② 그녀는 팔을 (걷어부치고 / 걷어붙이고) 나섰다.

③ (떡볶이 / 떡뽁기)는 한 접시에 2천원이래.

④ 내 일은 도토리를 (낱낱히 / 낱낱이) 조사하는 것이다.

⑤ (내물 / 냇물)이 더럽다.

⑥ 장군은 상처의 아픔을 (나색 / 내색)하지 않았다.

⑦ (얌냠 / 냠냠)거리며 먹는 아이가 귀여웠다.

⑧ 진지한 자리에서 (농짓거리 / 농지거리) 하지마라.

⑨ 영훈이가 반장에 (당선될려면 / 당선되려면) 2표가 더 필요하다.

⑩ 할아버지는 자선가다. (그럼으로 / 그러므로) 고향에서 존경받았다.

20. 아래 글을 읽어보세요.

① 초콜릿도 케이크도 먹고 싶으니 이제 어떡해?

② 엄마 김치찌개는 최고예요!

③ 밥이 잘되려면 물을 잘 맞추어야 한다.

④ 길고양이가 갑자기 뛰쳐나왔다.

⑤ 내 사진이 신문에 게재되었다.

⑥ 그는 왕이 되고자 몸을 낮추어 선비를 대접했다.

⑦ 결혼식 잔치를 벌여라.

⑧ 잔치판이 벌어졌다.

⑨ 책상에 학용품이 어지럽게 벌여있다.

⑩ 아버지는 치킨가게를 벌일 것이다.

20-1. 다음 중 올바른 것에 동그라미 하세요.

① 초콜릿도 케이크도 먹고 싶으니 이제 (어떻해 / 어떡해)?

② 엄마 김치(찌게 / 찌개)는 최고예요!

③ 밥이 (잘될려면 / 잘되려면) 물을 잘 맞추어야 한다.

④ 길고양이가 (갑짜기 / 갑자기) 뛰쳐나왔다.

⑤ 내 사진이 신문에 (개재 / 게재)되었다.

⑥ 그는 왕이 (되고져 / 되고자) 몸을 낮추어 선비를 대접했다.

⑦ 결혼식 잔치를 (벌려라 / 벌여라).

⑧ 잔치판이 (벌려졌다 / 벌어졌다).

⑨ 책상에 학용품이 어지럽게 (벌려있다 / 벌여있다).

⑩ 아버지는 치킨가게를 (벌릴 / 벌일) 것이다.

21. 아래 글을 읽어보세요.

① 장대 사이를 벌려라.

② 두 손 벌려 비를 맞았다.

③ 고무줄을 늘여라.

④ 잡동사니를 구석에 처박았다.

⑤ 영웅이 악당을 쳐부쉈다.

⑥ 며칠 뒤에 돌아오겠소.

⑦ 그들은 사건을 재현했다.

⑧ 이번에도 20년 전의 비극을 재연하게 될 뿐이다.

⑨ 예스러운 도자기

⑩ 환자를 침대에 뉘여라.

21-1. 다음 중 올바른 것에 동그라미 하세요.

① 장대 사이를 (벌여라 / 벌려라).

② 두 손 (벌여 / 벌려) 비를 맞았다.

③ 고무줄을 (늘려라 / 늘여라).

④ 잡동사니를 구석에 (쳐박았다 / 처박았다).

⑤ 영웅이 악당을 (처부쉈다 / 쳐부쉈다).

⑥ (며칠 / 몇일) 뒤에 돌아오겠소.

⑦ 그들은 사건을 (재연 / 재현)했다.

⑧ 이번에도 20년 전의 비극을 (재현 / 재연)하게 될 뿐이다.

⑨ (옛스러운 / 예스러운) 도자기

⑩ 환자를 침대에 (누여라 / 뉘여라).

22. 아래 글을 읽어보세요.

① 고춧가루가 매웠다.

② 소일거리만 있으면 능히 지낼 수 있는 곳이다.

③ 스페인 탐험대는 세비야에 다다랐다.

④ 우리는 한계에 다다랐다.

⑤ 물을 달라.

⑥ 영수가 낙지를 먹었다.

⑦ 이 골목길에는 담배꽁초가 많이 굴러다닌다.

⑧ 넓적한 판자

⑨ 생각다 못해 그냥 갔다.

⑩ 그깟 잡일에 누나 도움까지는 필요 없다.

22-1. 다음 중 올바른 것에 동그라미 하세요.

① (고춧가루 / 고추가루)가 매웠다.

② 소일거리만 있으면 (능이 / 능히) 지낼 수 있는 곳이다.

③ 스페인 탐험대는 세비야에 (다다렀다 / 다다랐다).

④ 우리는 한계에 (다다렀다 / 다다랐다).

⑤ 물을 (다라 / 달라).

⑥ 영수가 (낙지 / 낚지)를 먹었다.

⑦ 이 골목길에는 (담배꽁치 / 담배꽁초)가 많이 굴러다닌다.

⑧ (넓적한 / 널적한) 판자

⑨ (생각타 못해 / 생각다 못해) 그냥 갔다.

⑩ (고깟 / 그깟) 잡일에 누나 도움까지는 필요 없다.

3. 문장연습-글자와 발음의 차이

1. 아래 글을 읽어보세요.

① 청개구리는 엄마가 시키는 일을 항상 거꾸로 했습니다.

② 그믐날 밤에 자면 눈썹이 하얗게 된단다.

③ 사냥꾼이 총을 겨누었습니다.

④ 넓은 바다

⑤ 고래가 헤엄을 치고 있습니다.

⑥ 비둘기가 나뭇잎을 떨어뜨렸습니다.

⑦ 왜 조금도 먹지 않니?

⑧ 쓰레기

1-1. 틀린 곳을 찾아 밑줄을 긋고 바르게 고치세요.

① 청개구리는 엄마가 시키는 일을 항상 꺼구로 했습니다.

② 금은날 밤에 자면 눈섭이 하얗게 된단다.

③ 사냥군이 총을 겨누었습니다.

④ 너븐 바다에는 고래가 있어요.

⑤ 고래가 해엄을 치고 있습니다.

⑥ 비둘기가 나문니플 떨어뜨렸습니다.

⑦ 왜 조금도 먹지 안니?

⑧ 쓰래기

2. 아래 글을 읽어보세요.

① 전화는 매우 편리해요.

② 구두를 반짝반짝하게 닦았습니다.

③ 가게 유리창을 깨뜨렸습니다.

④ 소나무 한 그루

⑤ 고무줄 놀이는 재미있어요.

⑥ 수돗물이 매우 맑다.

⑦ 친구가 맞은편에 있어요.

⑧ 밀짚모자

2-1. 틀린 곳을 찾아 밑줄을 긋고 바르게 고치세요.

① 전화는 매우 펼리해요.

② 구두를 반짝반짝하게 다깠습니다.

③ 가계 유리창을 깨뜨렸습니다.

④ 소나무 한 구루

⑤ 고무줄 노리는 재미있어요.

⑥ 수돗물이 매우 막따.

⑦ 친구가 마즌편에 있어요.

⑧ 밀집모자

3. 아래 글을 읽어보세요.

① 언니에게 목걸이를 선물했다.

② 저녁에 외삼촌과 외숙모가 오셨습니다.

③ 여름에는 햇빛이 너무 강해요.

④ 꼬마 암탉이 있어요.

⑤ 구경을 하고 싶어요.

⑥ 친구가 싫어졌습니다.

⑦ 얼굴이 까맣게 그을렸습니다.

⑧ 병이 낫지 않은 환자

3-1. 틀린 곳을 찾아 밑줄을 긋고 바르게 고치세요.

① 언니에게 모거리를 선물했다.

② 저녁에 외삼춘과 외숙모가 오셨습니다.

③ 여름에는 해삐치 너무 강해요.

④ 꼬마 암타기 있어요.

⑤ 구경을 하고 시펴요.

⑥ 친구가 실어졌어요.

⑦ 얼굴이 까맛케 그을렸습니다.

⑧ 병이 낳지 않은 환자

4. 아래 글을 읽어보세요.

① 야단법석을 떱니다.

② 네가 거짓말을 했구나!

③ 시원한 바람이 불어 땀을 씻어주었다.

④ 우산이 뒤집어져 옷이 젖었습니다.

⑤ 집은 꽃 속에 묻혔습니다.

⑥ 제비는 흙으로 집을 짓습니다.

⑦ 나는 내용을 빼먹기도 했어요.

⑧ 차례를 바꾸어 말했다.

4-1. 틀린 곳을 찾아 밑줄을 긋고 바르게 고치세요.

① 야단법석을 떱니다.

---

② 네가 거진말을 했구나!

---

③ 시원한 바람이 부러 땀을 씻어주었다.

---

④ 우산이 뒤지버져 옷이 젖었습니다.

---

⑤ 집은 꽃 속에 묻혔습니다.

---

⑥ 제비는 흑으로 집을 짓습니다.

---

⑦ 나는 내용을 빼먹기도 했어요.

---

⑧ 차래를 바꾸어 말했다.

---

5. 아래 글을 읽어보세요.

① 앞치마

---

② 라면을 끓였습니다.

---

③ 지붕에서 빗물이 떨어집니다.

---

④ 장영실은 세계 최초로 측우기를 만들었습니다.

---

⑤ 달걀을 낳는 닭은 암탉입니다.

---

⑥ 옛날, 어느 마을에 나무꾼이 살았습니다.

---

⑦ 두 손을 무릎에 얹어두세요.

---

⑧ 구슬이 모두 흩어져 버렸습니다.

5-1. 틀린 곳을 찾아 밑줄을 긋고 바르게 고치세요.

① 압치마

② 라면을 끌였습니다.

③ 집웅에서 빗물이 떨어집니다.

④ 장영실은 세계 체초로 측우기를 만들었습니다.

⑤ 달갿을 낫는 닭은 암탉입니다.

⑥ 옌날, 어느 마을에 나무꾼이 살았습니다.

⑦ 두 손을 무릅에 얹어두세요.

⑧ 구슬이 모두 흐터져 버렸습니다.

6. 아래 글을 읽어보세요.

① 엄마 옆에 앉아 있었습니다.

② 영희가 귓속말로 소곤거렸습니다.

③ 저 닭은 암탉이야.

④ 옛날에 예쁜 공주가 살았습니다.

⑤ 나뭇잎이 떨어지고 있습니다.

⑥ 옷이 비에 젖었습니다.

⑦ 엄마가 머리를 빗겨줍니다.

⑧ 우산을 가방 옆에 놓았습니다.

6-1. 틀린 곳을 찾아 밑줄을 긋고 바르게 고치세요.

① 엄마 옆에 안자 있었습니다.

② 영희가 귀속말로 소곤거렸습니다.

③ 저 닭은 암닭이야.

④ 옛날에 예쁜 공주가 사랐습니다.

⑤ 나뭇잎이 떠러지고 있습니다.

⑥ 옷이 비에 저저습니다.

⑦ 엄마가 머리를 비껴줍니다.

⑧ 우산을 가방 옆에 노았습니다.

7. 아래 글을 읽어보세요.

① 우유는 젖소의 젖입니다.

② 내가 설거지를 하였습니다.

③ 윷놀이

④ 내일은 첫눈이 오게 해 주세요.

⑤ 벽돌로 집을 짓는 아저씨들

⑥ 언니가 그네뛰기를 합니다.

⑦ 엄마께서 뜨개질을 하십니다.

⑧ 우리는 서로 곁눈질만 하였습니다.

7-1. 틀린 곳을 찾아 밑줄을 긋고 바르게 고치세요.

① 우유는 젖소의 젖입니다.

② 내가 설겆이를 하였습니다.

③ 윳놀이

④ 내일은 천눈이 오게 해 주세요.

⑤ 벽돌로 집을 진는 아저씨들

⑥ 언니가 그내뛰기를 합니다.

⑦ 엄마께서 뜨게질을 하십니다.

⑧ 우리는 서로 결눈질만 하였습니다.

8. 아래 글을 읽어보세요.

① 하얗게 쌓인 눈

② 누나가 엉덩방아를 찧고 말았습니다.

③ 손수건에 예쁜 무늬가 있습니다.

④ 산에 온통 눈이 덮여 있습니다.

⑤ 언니가 나를 깨웠습니다.

⑥ 달걀을 삶아서 가져오세요.

⑦ 저 꽃은 붉은 자주색입니다.

⑧ 그렇게 망설이지 마세요.

8-1. 틀린 곳을 찾아 밑줄을 긋고 바르게 고치세요.

① 하얗게 싸인 눈

② 누나가 엉덩방아를 찟고 말았습니다.

③ 손수건에 예쁜 무니가 있습니다.

④ 산에 온통 눈이 덮혀 있습니다.

⑤ 언니가 나를 깨었습니다.

⑥ 달걀을 살마서 가져오세요.

⑦ 저 꽃은 불근 자주색입니다.

⑧ 그렇게 망서리지 마세요.

9. 아래 글을 읽어보세요.

① 붉은 팥죽을 끓여 먹었습니다.

② 머리를 단정히 빗은 오빠

③ 내가 빚은 송편

④ 구멍이 뻥 뚫렸습니다.

⑤ 나는 모든 일에 금방 싫증을 냅니다.

⑥ 그 사람은 거짓말을 했습니다.

⑦ 밥을 먹기에 조금 이를 것 같아요.

⑧ 주위 사람들에게 칭찬을 받았다.

9-1. 틀린 곳을 찾아 밑줄을 긋고 바르게 고치세요.

① 붉은 팥죽을 끄려 먹었습니다.

---

② 머리를 단정히 빛은 오빠

---

③ 내가 비즌 송편

---

④ 구멍이 뺑 뚤렸습니다.

---

⑤ 나는 모든 일에 금방 실증을 냅니다.

---

⑥ 그 사람은 거진말을 했습니다.

---

⑦ 밥을 먹기에 조금 이룰 것 같아요.

---

⑧ 주의 사람들에게 칭찬을 받았다.

---

10. 아래 글을 읽어보세요.

① 부싯돌로 불을 피웠다.

② 알이 붙은 배춧잎

③ 맨날 이러고 있을 순 없잖아.

④ 나는 엄마 뒷자리로 옮겨 앉았다.

⑤ 김유신은 천관의 집에 발 길을 끊었습니다.

⑥ 단소는 대나무에 구멍을 뚫어서 만듭니다.

⑦ 장구는 나무 통의 양쪽을 실로 얽어서 만듭니다.

⑧ 아버지와 낚시를 갔습니다.

10-1. 틀린 곳을 찾아 밑줄을 긋고 바르게 고치세요.

① 부시똘로 불을 피웠다.

② 알이 붙은 배춘닢

③ 맨날 이러고 있을 순 없자나.

④ 나는 엄마 뒷자리로 옴겨 앉았다.

⑤ 김유신은 천관의 집에 발 길을 끄넛습니다.

⑥ 단소는 대나무에 구멍을 뚜러서 만듭니다.

⑦ 장구는 나무 통의 양쪽을 실로 얼거서 만듭니다.

⑧ 아버지와 낙시를 갔습니다.

11. 아래 글을 읽어보세요.

① 젊은이가 찾아왔습니다.

② 백성들이 엎드려 절을 하였습니다.

③ 넌, 왜 그렇게 걸음이 빠르니?

④ 공부보다는 노는 것이 훨씬 좋아요.

⑤ 주머니에 세뱃돈이 두둑이 들어 있어요.

⑥ 한 달 만에 쫓겨나고 말았습니다.

⑦ 여러 차례 실패를 맛보았습니다.

⑧ 물건을 잃어버렸다.

11-1. 틀린 곳을 찾아 밑줄을 긋고 바르게 고치세요.

① 절믄이가 찾아왔습니다.

② 백성들이 업드려 절을 하였습니다.

③ 넌, 왜 그렇게 거름이 빠르니?

④ 공부보다는 노는 것이 헐씬 좋아요.

⑤ 주머니에 새뱃돈이 두둑이 들어 있어요.

⑥ 한 달 만에 쫃겨나고 말았습니다.

⑦ 여러 차례 실패를 맏보았습니다.

⑧ 물건을 일어버렸다.

12. 아래 글을 읽어보세요.

① 운동화가 다 떨어지지도 않았는데 새것을 또 샀습니다.

② 절인 배추를 씻었다.

③ 엄마의 살갗은 얇고 부드럽습니다.

④ 동생은 누나가 믿음직합니다.

⑤ 시냇가에서 돌멩이 찾기

⑥ 덜 익은 감이 떫습니다.

⑦ 이 글씨를 칠판에 옮겨 써라.

⑧ 무릎을 탁 쳤습니다.

12-1. 틀린 곳을 찾아 밑줄을 긋고 바르게 고치세요.

① 운동화가 다 떪어지지도 않았는데 새것을 또 샀습니다.

---

② 절인 배추를 씼었다.

---

③ 엄마의 살가츤 얇고 부드럽습니다.

---

④ 동생은 누나가 미듬직합니다.

---

⑤ 시냇가에서 돌맹이 찾기

---

⑥ 덜 익은 감이 떱습니다.

---

⑦ 이 글씨를 칠판에 옴겨 써라.

---

⑧ 무르블 탁 쳤습니다.

---

13. 아래 글을 읽어보세요.

① 반드시 약속은 지켜야 합니다.

② 반듯이 고개를 들어 봐라.

③ 어머나, 깜짝이야!

④ 이 상은 바로 내가 바랐던 것이다.

⑤ 제가 전해 드릴게요.

⑥ 잠을 자려고 누웠습니다.

⑦ 이불을 겹겹이 덮었다.

⑧ 이불 깊숙이 파고들었다.

13-1. 틀린 곳을 찾아 밑줄을 긋고 바르게 고쳐보세요.

① 반듯이 약속은 지켜야 합니다.

② 반드시 고개를 들어 봐라.

③ 어머나, 깜작이야!

④ 이 상은 바로 내가 바랬던 것이다.

⑤ 제가 전해 드릴께요.

⑥ 잠을 자려고 누었습니다.

⑦ 이불을 겹겹히 덮었다.

⑧ 이불 깊숙히 파고들었다.

14. 아래 글을 읽어보세요.

① 송편을 빚습니다.

② 머리를 빗습니다.

③ 이틀→이튿날

④ 사흘→사흗날

⑤ 나흘→나흗날

⑥ 텔레비전

⑦ 나는 길엣 돈을 잃어버렸다.

⑧ 나는 숙제하는 것을 깜박 잊어버렸다.

14-1. 틀린 곳을 찾아 밑줄을 긋고 바르게 고쳐보세요.

① 송편을 빗습니다.

② 머리를 빗습니다.

③ 이틀→이튼날

④ 사흘→사흔날

⑤ 나흘→나흔날

⑥ 테리비젼

⑦ 나는 길엣 돈을 잊어버렸다.

⑧ 나는 숙제하는 것을 깜박 잃어버렸다.

Ⅲ

목표영역 : 한글맞춤법

1. 혼동하기 쉬운 말 익히기
2. 잘못된 단어 정정하기
3. 올바른 규칙 익히기
4. 높임 말 익히기

1. 혼동하기 쉬운 말 익히기

1. 다음 각 문장을 읽고 쓰임의 차이를 익혀보세요.

① 지수가 동생의 숙제를 가르쳤습니다. ② 지수가 학교 가는 길을 가리켰습니다.

▶'가르치다'는 교육시키다는 의미이고, '가리키다'는 방향을 짚어서 알리다의 뜻입니다.

① 거북이의 걸음은 느립니다. ② 손으로 엿가락을 늘입니다.

▶'느리다'는 물체의 속력이 빠르지 않음이고, '늘이다'는 본래길이보다 연장하는 것입니다.

① 나는 길에서 돈을 잃어버렸다. ② 나는 숙제하는 것을 깜박 잊어버렸다.

▶'잃다'는 물건의 소유권을 상실함을 뜻하고, '잊다'는 까먹었다는 뜻입니다.

① 송편을 빚습니다. ② 머리를 빗습니다.

▶'빚다'는 가루를 반죽해 떡을 만든다는 의미이고, '빗다'는 머리카락을 가지런히 하다의 뜻입니다.

2. 다음 각 문장을 읽고 쓰임의 차이를 익혀보세요.

① 공주는 가여운 신세가 되었다.
② 공주는 가엾은 신세가 되었다.

▶ '가여운'과 '가엾은'은 같은 말이며, 둘다 표준어로 인정합니다.

① 그의 월급은 나의 갑절이다.
② 그의 월급은 나의 몇 곱절이다.

▶'갑절'은 딱 두 배를 말하고, '곱절'은 갑절 이상을 말할 때 사용합니다.

① 올해 서울의 강수량은 예년보다 훨씬 많았다.
② 서울의 강우량이 부산보다 많았다.

▶'강수량'은 비나 눈, 우박 등이 지상에 내린 총량을 말하고 '강우량'은 일정한 시간 동안 일정한 지역에 내린 비의 양을 말합니다.

① 오랜 가뭄으로 논바닥이 강마르다.
② 오랜 다이어트로 몸이 깡마르다.

▶'강마르다'는 딱딱하게 마르다의 뜻이고, '깡마르다'는 몸에 살이 없어서 바짝 마르다의 뜻입니다.

3. 다음 각 문장을 읽고 쓰임의 차이를 익혀보세요.

① 출근하자마자 부장님께 결재를 올렸다. ② 아빠 대신 내가 신문대금을 결제했다.

▶'결재'는 '아랫사람이 올린 안건을 상관이 검토 승인하는 행위'이고, '결제'는 '대금 등을 지불하는 일'입니다.

① 무분별한 개발이 인간에게 오히려 해가 된다. ② 내가 지닌 특성을 잘 계발해야 한다.

▶'개발'은 천연자원 등을 인간 생활에 도움이 되게 하는 것'을 말하고, '계발'은 '지능, 지식을 깨우쳐 깨닫게 하는 교육 방법'을 말합니다.

① 너무 추워 귀걸이를 했다. ② 나는 예쁜 귀고리가 많다.

▶'귀걸이'는 귀에 걸어 추위를 막는 물건이고, '귀고리'는 귀에 장식으로 다는 고리를 말합니다.

① 외롭고 힘든 귀양살이를 하였습니다. ② 선생님께서 귀향하셨습니다.

▶ '귀양'은 옛날 죄인이 세상과 떨어져 외롭게 지내는 생활을 뜻하고, '귀향'은 고향으로 돌아가는 것을 말합니다.

4. 다음 각 문장을 읽고 쓰임의 차이를 익혀보세요.

① 옷을 만드는 재료가 되었다. 그러므로 우리 민족에게 풀은 생활하는 데에 없어서는 안 될 소중한 것이었다.
② 그는 열심히 일한다. 그럼으로(써) 삶의 보람을 느낀다.

▶'그러므로'는 '그러니까','그렇기 때문에' 등의 의미를 가질 때 쓰여 앞 문장을 원인으로 뒷문장의 결과가 나옴을 뜻하고, '그럼으로'는 '그렇게 하는 것으로써'라는 수단의 의미로 쓰이며, '-써'가 결합 될 수 있습니다.

① 강낭콩은 그새 두 뼘이나 자라 있었다.
② 영희는 금세 숙제를 끝냈다.

▶'그새'는 그 사이의 준말이고, '금세'는 금시에의 줄인 말입니다.

① 바른 자세로 앉아 글씨를 썼나요?
② 한자는 백성들이 쓰기 어려운 글자였습니다.

▶'글씨'는 써 놓은 글자의 모양이나 글자를 쓰는 일을 말하며, '글자'는 사람들의 말을 눈으로 볼 수 있도록 나타낸 기호를 말합니다.

5. 다음 각 문장을 읽고 쓰임의 차이를 익혀보세요.

① 한지는 닥나무 껍질을 삶아서 만든 종이다.
② 이 딱딱한 껍데기도 벗길 수 있어요?

▶'껍질'은 딱딱하지 않은 무른 물체의 거죽을 싸고 있는 질긴 층들을 나타내는 말이고, '껍데기'는 달걀이나 조개 같은 것의 겉을 싸고 있는 단단한 물질을 뜻합니다.

① 선생님 설명을 들은 철수는 고개를 끄덕이었습니다.
② 저 나무는 태풍에도 끄떡없다.

▶'끄덕'은 동사로 고개를 숙였다가 드는 동작을 뜻하고 강조인 경우 '끄떡'으로 사용하며, '끄떡없다'는 탈이나 변동에 든든하고 온전하다라는 형용사입니다.

① 주머니 안에는 곡식 낟알이 들어 있었다.
② 흩어져 있는 낱알들을 주워 모았다.

▶'낟알'은 껍질을 벗기지 않는 곡식의 알맹이를 말하고, '낱알'은 하나하나 각각의 알을 뜻합니다.

6. 다음 각 문장을 읽고 쓰임의 차이를 익혀보세요.

① 지수는 더 이상 못 참겠던지 그냥 갔다.
② 연수는 얼마나 기뻤던지 강아지를 꼬옥 껴안았습니다.
③ 운동을 잘 한다든지, 공부를 잘 한다든지 해야 되는데...

▶'-던지'는 지난 일을 회상하여 막연한 의심, 추측, 가정의 뜻을 나타내거나, 지난 일을 회상하되 그것이 다른 일을 일으키는 근거나 원인이 됨을 뜻하며, '-든지'는 무엇이나 가리지 않음을 뜻합니다.

① 지수 멋진데!
② 탁자 밑에 있던데.
③ 엄마의 어렸을 때 꿈은 과학자였대.

▶'-데', '던데'는 스스로의 느낌을 나타내거나 경험한 사실을 회상하여 일러 주는 역할을 하며, '-대'는 자신의 느낌이나 경험이 아닌 당사자나 제 3자로부터 전해 받은 사실을 또 다른 사람에게 전달할 때 사용합니다.

7. 다음 각 문장을 읽고 쓰임의 차이를 익혀보세요.

① 엄마는 떡볶이를 잘 하신다.
② 엄마는 떡볶기를 잘 하신다.

▶'떡볶이'는 흔히 사먹는 떡볶이 음식의 명칭이고 '떡볶기'는 떡을 볶는 행위를 뜻합니다.

① 불을 너무 세게 때어 방이 덥다.
② 벽에 붙은 광고지를 떼었다.
③ 아기가 걸음을 떼었다.
④ 주민센터에서 서류를 떼었다.

▶'때다'는 불을 지피어 타게 하다는 뜻이고 '떼다'는 붙어 잇는 것을 떨어지게 하는 것, 일이나 동작의 순서를 막 시작함, 문서를 만들어 주고 받는 행위를 뜻합니다.

① 눈에 띄는 행동을 하지 마세요.
② 하늘에 노란 빛을 띠는 구름이 떠있다.

▶'띄다'는 눈에 보이다의 뜻이고 '띠다'는 어떤 색깔이 좀 섞여 있다의 뜻입니다.

8. 다음 각 문장을 읽고 쓰임의 차이를 익혀보세요.

① 일과를 마쳤다. ② 지수가 정답을 맞혔다. ③ 지수가 연수와 시험지 답을 맞추었다.

▶'마쳤다'는 끝내다의 뜻이고, '맞혔다'는 물음에 정답을 내놓는 것이며, '맞추었다'는 어떤 것을 다른 것과 나란히 놓고 비교하여 살피는 행동을 말합니다.

① 가방을 메고 집을 나섰다. ② 찹쌀 떡을 먹고 목이 메었다. ③ 아저씨가 줄을 매었다. ④ 시골에서 김을 매었다.

▶'메다'는 물건을 어깨에 걸치거나 올려 놓는 동작, 어떤 구멍이 막힐 때를 뜻하고, '매다'는 끈을 지어 묶는 행위, 잡초를 뽑는 동작을 뜻합니다.

① 며칠이 지난 어느 날 ② 연수야, 네 생일이 몇 월 몇 일이야?

▶'며칠'은 날짜의 기간을 나타내는 몇 날의 뜻이고, '몇 일'은 확실한 날짜에 대한 의문을 나타낼 때 사용합니다.

9. 다음 각 문장을 읽고 쓰임의 차이를 익혀보세요.

① 해외 여행은 내가 바라는 바입니다.
② 집 앞까지 바래다 줄게.
③ 셔츠 색이 햇볕에 바랬다.

▶'바라다'는 생각대로 소원대로 되기를 기대할 때 쓰며, '바래다'는 배웅하여 도중까지 함께 가줄 때, 본래의 색깔이 변하거나 없어질 때를 뜻합니다.

① 사과 향이 속까지 배면 꺼내세요.
② 일이 손에 배면 좋아질 겁니다.
③ 잘 때는 베개를 낮게 베세요.

▶'배다'는 물기나 냄새 등이 옷 따위에 스며드는 것, 버릇이 되어 익숙해지는 것을 뜻하며, '베다'는 베개로 머리를 받치는 행동을 뜻합니다.

① 나는 봉선화를 심었습니다.
② 나는 봉숭아를 심었습니다.

▶'봉선화'는 봉숭아의 한자식 표기며, 순우리말은 '봉숭아'입니다.

10. 다음 각 문장을 읽고 쓰임의 차이를 익혀보세요.

① 벽에 부딪히고 말았다. ② 지수와 연수가 서로 부딪쳤습니다.

▶'부딪히다'는 부딪다의 피동형으로 물체와 물체가 세게 마주 닿거나 부딪음을 당하다의 뜻이고, '부딪치다'는 부딪다를 강하게 힘주어 하는 말입니다.

① 도깨비들이 놀부네 집을 마구 부수었습니다. ② 지수가 그릇을 깨끗하게 부시었다. ③ 눈이 부시었다.

▶'부수다'는 조각이 나게 두드려 깨드리는 것을 뜻하며, '부시다'는 그릇을 깨끗이 씻는 것, 빛살이나 빛깔이 강렬해서 보기가 어렵도록 눈이 어리어리할 때를 뜻합니다.

① 엄마가 소고기 한 근을 사오셨다. ② 엄마가 쇠고기 한 근을 사오셨다.

▶'쇠고기'는 오랫동안 사용된 형태이고 '소고기' 또한 함께 쓰이고 있어 지금은 둘다 모두 사용합니다.

11. 다음 각 문장을 읽고 쓰임의 차이를 익혀보세요.

① 도착시각은 오전 10시다.
② 휴식시간은 10분이다.

▶'시각'은 시간의 특정한 시점이고, '시간'은 어떤 시각부터 어떤 시각의 사이를 뜻합니다.

① 그의 말과 실제 행동은 다릅니다.
② 자신이 실제로 해 본 일을 말해보세요.
③ 그 영화의 주인공은 실재 인물이다.

▶'실제'는 있는 그대로의 상태, 거짓이나 상상이 아님을 의미하며, '실재'는 실제로 현실에서 존재함을 뜻합니다.

① 얘들아, 안녕?
② 애처럼 행동하지 말아라.

▶'얘'는 이 아이의 준말이고, '애'는 아이의 준말입니다.

12. 다음 각 문장을 읽고 쓰임의 차이를 익혀보세요.

① 안주 일체 무료입니다. ② 그는 담배를 일절 피우지 않습니다.

▶'일체'는 모든 것, 온갖 것을 뜻하고, '일절'은 전혀, 도무지를 의미합니다.

① 밤하늘에 폭죽이 작렬하고 있다. ② 대낮에 태양에 작열하고 있다.

▶'작렬'은 터져서 산산이 흩어지는 것을 뜻하고 '작열'은 열을 받아 새빨갛게 달아오르는 상황을 뜻합니다.

① 옹기장이, 대장장이 ② 개구쟁이, 욕심쟁이

▶'장이'는 어떠한 일을 직업적으로 하는 사람이고, '쟁이'는 그 사람의 성질이나 습관, 행동, 상태 등을 나타낼 때 사용합니다.

13. 다음 각 문장을 읽고 쓰임의 차이를 익혀보세요.

① 부모님의 말씀을 좇기로 했다. ② 황소가 꼬리를 흔들어 파리를 쫓았다. ③ 쫓고 쫓기는 숨 막히는 추격전을 벌렸다.

▶'좇다'는 대상을 따른다의 뜻이고, '쫓다'는 달아나는 것을 잡으러 뒤따르거나, 자리를 떠나도록 몰아내는 것을 뜻한다.

① 나는 지그시 눈을 감았다. ② 연세가 지긋이 든 할머니께서 말씀하셨다.

▶'지그시'는 눈을 슬그머니 감는 모양이나 느리고도 힘 있게 당기거나 누르거나 미는 모양을 말하고, 지긋이는 나이가 비교적 많아 듬직한 모습을 뜻합니다.

① 너는 비관적 사고를 지양해야한다. ② 너는 비판적 사고를 지향해야한다.

▶'지양'은 어떠한 것을 하지 않는 것을 의미하고, '지향'은 생각이나 마음이 어떤 목표를 향할 때 사용합니다.

14. 다음 각 문장을 읽고 쓰임의 차이를 익혀보세요.

① 지수는 더위에 끄떡도 않는 채 앉아 독서를 하였다. ② 연수는 엄마 소리를 못 들은 체 앉아 있었다.

▶'채'는 이미 있는 상태 그대로를 의미하고 '체'는 그럴 듯하게 꾸미는 거짓 태도를 뜻합니다.

① 밧줄로 친친 동여매곤 하였다. ② 밧줄로 칭칭 동여매곤 하였다.

▶'친친'과 '칭칭'은 같은 뜻으로 쓰입니다.

① 태풍 때문에 우리 식구는 피난을 갔다. ② 전쟁 때문에 우리 식구는 피란을 갔다.

▶'피난'은 자연재해 등으로 옮기는 것을 말하고, '피란'은 폭동, 전쟁 등의 난리로 옮기는 것을 말합니다.

① 영애는 복권당첨으로 한목 잡았다. ② 영애는 지수에게 한몫 떼어 주었다.

▶'한목'은 많은 것을 한 번에 다, 한꺼번에 다란 뜻이고, '한몫'은 한 사람 앞에 돌아가는 분량이란 의미입니다.

15. 다음 각 문장을 읽고 쓰임의 차이를 익혀보세요.

① 연하장의 새해 인사를 갈음한다. ② 둘로 가름

▶'갈음'은 갈다에 -음이 붙은 형태로 대신하다를 의미하고, 가름은 가르다에 '-ㅁ'이 붙은 형태로 나누는 것을 뜻합니다.

① 밭에 거름을 준다. ② 걸음이 빠르다.

▶'거름'은 비료를 의미하고, '걸음'은 걷다를 의미합니다.

① 전주를 거쳐 대전으로 간다. ② 세금이 잘 걷힌다.

▶'거치다'는 경유하다의 뜻이고, '걷히다'는 거두다의 피동형이다.

① 병이 걷잡을 수 없이 악화됐다. ② 모인 사람이 겉잡아서 10만 명은 되었다.

▶'걷잡다'는 거두어 붙잡다의 뜻이고, '겉잡다'는 어림잡다의 의미이다.

16. 다음 각 문장을 읽고 쓰임의 차이를 익혀보세요.

① 노름 빚이 너무 많다.
② 오늘은 놀이터에서 놀음

▶'노름'은 도박을 뜻하고, '놀음'은 놀다에 -음에 붙어 그 뜻을 유지한 것입니다.

① 걸음이 느리다.
② 바지 길이를 늘인다.

▶'느리다'는 속도가 빠르지 못하다의 뜻이고, '늘이다'는 길이를 더 길게 한다의 뜻입니다.

① 양복을 다리다.
② 간장을 달이다.

▶'다리다'는 다리미로 문지르다의 뜻이고, '달이다'는 달다의 -이-가 붙어 끓여서 진하게 만들다의 뜻입니다.

① 허리를 다쳤다.
② 바람에 방문이 저절로 닫혔다.
③ 철수가 방문을 탁 닫쳐 버렸다.

▶'다치다'는 부상을 당하다의 뜻이고, '닫히다'는 피동형이며, '닫치다'는 타동사로 쓰입니다.

17. 다음 각 문장을 읽고 쓰임의 차이를 익혀보세요.

① 제물을 바쳤다.
② 소 아래 ㄴ을 받쳐 손이라고 쓴다.
③ 체로 밭쳤다.

▶ '바치다'는 웃어른께 드리다, 세금을 내다의 뜻입니다. '받치다'는 받다에 -치-가 결합하여 밑에 괴다 또는 위에서 내려오는 것을 아래서 잡아들인다의 의미입니다. '밭쳤다'는 (체로) 받다의 뜻으로 쓰입니다.

① 공부를 시켰다.
② 뜨거운 물을 식혔다.

▶ '시키다'는 하게 하다의 뜻이고, '식히다'는 식다의 뜻이다.

① 밥을 안쳤다.
② 자리에 앉혔다.

▶ '안치다'는 끓이거나 찔 물건을 솥이나 시루에 넣다의 뜻이고, '앉히다'는 앉다의 사동형이다.

18. 다음 각 문장을 읽고 쓰임의 차이를 익혀보세요.

① 손과 발이 저린다.
② 생선을 소금에 절인다.

▶ '저리다'는 살이나 뼈마디에 피가 잘 통하지 않아서 힘이 없고 감각이 둔하다의 뜻이고, '절이다'는 염분을 먹여서 절게하다의 뜻입니다.

① 호수 위를 비추는 달빛
② 창가에 비치는 그녀의 모습

▶ '비추다'는 빛을 보내어 무엇을 밝게 하거나 나타내게 하는 것이며, '비치다'는 빛을 받아 모양이 나타나 보이다의 뜻입니다.

① 싸움을 벌이다.
② 자루를 벌리다,

▶ '벌이다'는 일을 계획하고 시작함을 뜻하고, '벌리다'의 반대말은 오므리다, 닫다, 다물다이다.

19. 다음 각 문장을 읽고 쓰임의 차이를 익혀보세요.

① 연수는 스스로 공부하는 방법을 깨치었다.
② 선생님께서는 연수에게 공부하는 방법을 깨우치셨다.

▶'깨치다'는 스스로 모르던 것을 알게 됐을 때 사용하고, '깨우치다'는 깨닫도록 남을 가르쳐 주는 경우에 사용합니다.

① 우리 모두 힘을 합쳐 나아갑시다.
② 모두 여기서 나갑시다.

▶'나아가다'는 앞으로 향하여 가다, 병세가 호전되다, 좋은 방향으로 진전하다 등의 의미를 갖는 반면, '나가다'는 있던 곳에서 물러나는 것을 뜻합니다.

① 지수 성적이 연수보다 뒤처졌다.
② 바람에 현수막이 뒤쳐졌다.

▶'뒤처지다'는 뒤로 처지는 모습이고, '뒤쳐지다'는 물건이 뒤집혀서 젖혀지는 모습을 뜻합니다.

① 연수 등살이 대단하구나!
② 연수 등쌀에 못 살겠다!

▶'등살'은 등에 있는 근육을 가리키며, '등쌀'은 몹시 귀찮게 굴고 야단을 부리는 형세를 뜻합니다.

20. 다음 각 문장을 읽고 쓰임의 차이를 익혀보세요.

① 의사로서 위법행위를 하면 안 됩니다.
② 의료법으로써는 벌을 줄 수 없습니다.

▶ '-로서'는 신분, 자격을 나타낼 때 사용하며, '-로써'는 이유, 수단 등을 나타낼 때 사용됩니다.

① 몽당연필
② 몽땅 다 가져와봐.

▶ '몽당'은 홀로 쓸 수 없고 명사와 같이 쓰며, '몽땅'은 모두 다, 죄다란 뜻입니다.

① 저 산봉우리가 제일 높다.
② 나무에 꽃봉오리가 맺혀 있다.

▶ '봉우리'는 산봉우리의 준말로 산의 정상으로 가장 높이 솟은 부분이고, '봉오리'는 꽃봉오리의 준말로 아직 피지 않는 꽃망울을 뜻합니다.

21. 다음 각 문장을 읽고 쓰임의 차이를 익혀보세요.

① 이 말이 어떻게 다른지 알아보자.
② 잊으면 어떡해요?

▶ '어떻게'는 어떻다에 -게가 결합된 부사로 문장 중간에 위치하고, '어떡해'는 어떻게 해가 줄어든 말로 그 자체가 완결된 서술어로 쓰여 문장 끝에 위치한다.

① 이따가 만나자.
② 며칠 더 있다가 만나자.

▶ '이따가'는 조금 지난 뒤에를 뜻하고 '있다가'는 동작의 이동을 뜻한다.

① 생선을 조리다.
② 마음을 졸이다.

▶'조리다'는 고기나 채소를 양념하여 바짝 끓이는 것을 뜻하고, '졸이다'는 속을 태우다시피 마음을 초조하게 먹다의 뜻이다.

22. 다음 각 문장을 읽고 쓰임의 차이를 익혀보세요.

① 그 장군은 전장에서 아주 용맹스럽게 싸웠다.
② 그 장군은 전쟁을 끝까지 반대했다.

▶ '전장'은 전쟁이 일어난 곳, 싸움터를 말하고, '전쟁'은 국가 간에 싸우는 일, 싸움 자체를 뜻합니다.

① 영애가 샘이 나서 그랬나 봐.
② 셈을 헤아려 보아라.
③ 이럴 셈이었구나.

▶ '샘'은 사람을 공연히 미워하거나 싫어하는 일, 또는 마음을 말하고, '셈'은 수를 세거나 수식을 풀어 값을 헤아리는 일, 어떤 의도와 계획된 생각을 뜻합니다.

① 하나 하면 할머니가 지팡이 짚고서 톡톡톡
② 맥을 짚어 보거라.
③ 뭐라고 딱 짚어 얘기하기 어렵다.
④ 이 물건을 집어 보아라.

▶ '짚다'는 지팡이나 손을 바닥에 대고 버티어 몸을 기댈 때, 손을 대고 가볍게 누를 때, 지목하거나 지적할 때를 의미하고, '집다'는 손이나 집게로 물건을 잡거나 주을 때를 사용합니다.

2. 잘못된 단어 정정하기

1. 발음상 잘못된 습관 때문에 맞춤법이 헷갈리는 단어들 입니다. 맞는 것을 고르세요.

1) 교통 표지판이 현수막으로 ________ 보이지 않았다.

① 가리어져서 ② 가리워져서

2) 자장면 __________ 한 그릇만 주세요.

① 곱빼기 ② 곱배기

3) 턱을 _________ 쓴다.

① 괘고 ② 괴고

4) _________도 구르는 재주가 있다.

① 굼벵이 ② 굼뱅이

5) 밥을 먹었다. __________ 이를 닦았다.

① 그러고 나서 ② 그리고 나서

6) 배추김치와 _________를 조금 만들었다.

① 깍둑이 ② 깍두기

2. 발음상 잘못된 습관 때문에 맞춤법이 헷갈리는 단어들 입니다. 맞는 것을 고르세요.

1) 주방세제를 빈병에 ________로 부었다.

① 깔때기 ② 깔대기

2) 꽃을 함부로 ________ 안됩니다.

① 꺽어서는 ② 꺾어서는

3) 연수는 달리기에서 ________를 했다.

① 꼴지 ② 꼴찌

4) 찢어진 옷을 ________.

① 꿰맸다 ② 꿰멨다

5) 갑자기 번개가 쳐 ________ 엎드려 있었다.

① 납작 ② 납짝

6) 바닥에 엎드려 ________ 절을 하였습니다.

① 넙죽 ② 넙쭉

3. 발음상 잘못된 습관 때문에 맞춤법이 헷갈리는 단어들 입니다. 맞는 것을 고르세요.

1) ________ 마당을 공부하려고 합니다.

① 넷째　　② 네째

2) ________을 내리 누르며 쏟아지는 잠을 참았다.

① 눈꺼플　　② 눈꺼풀

3) 선생님께서는 내 질문에 짤막하게 _____를 해주셨다.

① 댓구　　② 대꾸

4) 파랗게 파랗게 ________ 속에서

① 덮인　　② 덮힌

5) 신부를 ________ 가마가 도착했다.

① 데리러　　② 데릴러

6) 작은 아이가 ________에 걸려 넘어졌다.

① 돌맹이　　② 돌멩이

4. 발음상 잘못된 습관 때문에 맞춤법이 헷갈리는 단어들 입니다. 맞는 것을 고르세요.

1) 선생님께서 학생들의 ___________로 바쁘시다.

① 뒤치닥거리 ② 뒤치다꺼리

2) __________에 걸려 넘어졌다.

① 돌부리 ② 돌뿌리

3) 그는 _________만을 입는다.

① 맞춤옷 ② 마춤옷

4) 새로 산 휴대폰의 _________을 꼼꼼히 읽어보세요.

① 매뉴얼 ② 메뉴얼

5) 한동안 이 곳에 __________ 있겠다.

① 머물어 ② 머물러

6) 나는 그들을 다시 만나기가 __________.

① 멋쩍었다 ② 멋적었다

5. 발음상 잘못된 습관 때문에 맞춤법이 헷갈리는 단어들 입니다. 맞는 것을 고르세요.

1) 다섯 명이 한 ________이 됩니다.

① 모둠 ② 모듬

2) 하늘에 뭉게뭉게 ________이 피었습니다.

① 뭉게구름 ② 뭉개구름

3) 그 나무는 ________만 남았다.

① 밑둥 ② 밑동

4) 형사가 범인의 ________을 찾았다.

① 발자국 ② 발자욱

5) ________야, 제발 정신을 차려.

① 배짱이 ② 베짱이

6) 지수는 화가 나서 ________로 대꾸를 하였다.

① 볼멘소리 ② 볼맨소리

6. 발음상 잘못된 습관 때문에 맞춤법이 헷갈리는 단어들 입니다. 맞는 것을 고르세요.

1) 그는 앞니가 ________ 빠져 버렸다.

① 볼성사납게　　② 볼썽사납게

2) 엄마가 눈을 ________ 뜨셨다.

① 부스스　　② 부시시

3) 지수는 ________ 웃었다.

① 빙그레　　② 빙그래

4) ________가 뻐꾹뻐꾹 울었다.

① 뻐꾹이　　② 뻐꾸기

5) 나뭇가지에 ________ 긁혀 피가 났다.

① 살갗이　　② 살갗이

6) ________로 한 근만 주세요.

① 살고기　　② 살코기

7. 발음상 잘못된 습관 때문에 맞춤법이 헷갈리는 단어들 입니다. 맞는 것을 고르세요.

1) 그 사람은 거친 말을 ________ 않고 했다.

① 서슴치　　　② 서슴지

2) 지수는 엄마대신 ________를 열심히 했다.

① 설거지　　　② 설겆이

3) 연수는 ________ 마음으로 교실에 들어왔다.

① 설레는　　　② 설래는

4) 설거지할 때는 합성________를 적게 쓰세요.

① 세제　　　② 세재

5) 여자아이들이 ________ 시작했다.

① 소근대기　　　② 소곤대기

6) ________, 영애는 참 뛰어난 사람이다.

① 아무튼　　　② 아뭏든

8. 발음상 잘못된 습관 때문에 맞춤법이 헷갈리는 단어들 입니다. 맞는 것을 고르세요.

1) 다음 중 ________ 것을 고르세요.

① 알맞는　　② 알맞은

2) 인물의 ________을 나누어 맡아 봅시다.

① 역할　　② 역활

3) 친척들이 ________ 함께 모여 이야기를 나누었다.

① 오랫만에　　② 오랜만에

4) 손을 천천히 __________.

① 오므리세요.　　② 오무리세요.

5) 그는 ________ 같이 다시 일어섰다.

① 오뚝이　　② 오뚜기

6) 아이들이 ________ 강당을 빠져 나갔다.

① 왁짜지껄　　② 왁자지껄

9. 발음상 잘못된 습관 때문에 맞춤법이 헷갈리는 단어들 입니다. 맞는 것을 고르세요.

1) ________이 되어 울음이 터져 나왔다.

① 울쌍　　② 울상

2) 꽃게는 ________ 발을 흔들며 씩씩하게 떠났어요.

① 집게　　② 집개

3) 새 옷을 사기보다 나는 차라리 ______를 해서 입겠다.

① 짜깁기　　② 짜집기

4) 김치______가 얼큰하니 제일 좋다.

① 찌게　　② 찌개

5) 가진 돈이 ________ 10만원이다.

① 통틀어　　② 통털어

6) 유비의 공격으로 조조의 군대는 ________났다.

① 풍비박산　　② 풍지박산

10. 발음상 잘못된 습관 때문에 맞춤법이 헷갈리는 단어들 입니다. 맞는 것을 고르세요.

1) __________하려는 것이 아니니 염려 말게.

① 해코지 ② 해꼬지

2) 온 산을 _______ 다녔습니다.

① 헤매고 ② 해매고

3) 나뭇가지가 살랑살랑 가지를 ________.

① 휘젓습니다 ② 휘젖습니다

4) ________한 괴물이 나타났다.

① 흉측 ② 흉칙

5) 밤사이 내린 눈으로 도로가 ________합니다.

① 희끗희끗 ② 히끗히끗

6) 작은 _________가 무럭무럭 자라고 있어요.

① 잎파리 ② 이파리

3. 올바른 규칙 익히기

1. 다음 글을 참고하여, 올바른 단어를 고르세요.

> 다음 낱말은 거센소리(ㅊ, ㅋ, ㅌ, ㅍ)을 가진 형태를 표준어로 잡는다.
>
> 예) 살쾡이(O), 삵괭이(X)

1) 햇살 아래서 ＿＿＿＿＿이 방긋 웃어요.

① 나팔꽃　　② 나발꽃　　③ 나빨꽃

2) ＿＿＿＿에 가서 그릇을 가져 오너라.

① 부억　　② 부엌　　③ 부엉

3) 여기 빈 ＿＿＿에다 그림을 그려라.

① 간　　② 칸　　③ 깐

4) 오늘 새벽＿＿＿＿엔 종소리에 잠이 깨었다.

① 녘　　② 녁　　③ 녘

5) 그는 일본 수사의 ＿＿＿＿이었다.

① 끄나불　　② 끈아불　　③ 끄나풀

2. 다음 글을 참고하여, 올바른 단어를 고르세요.

' 수컷'을 뜻하는 말은 '수-'로 통일합니다. 대부분의 동식물 이름에 적용되며, 3개(숫양, 숫염소, 숫쥐) 동물만 숫을 허용합니다.

1) 까투리는 암꿩, 장끼는 (수꿩 / 수꿩)

2) 이 강아지는 (수놈 / 수놈) 이다.

3) 저 소가 (수소 / 수소) 냐, 암소냐?

4) 은행나무도 (숫은행나무 / 수은행나무)와 암은행나무가 있다며?

3. 다음 글을 참고하여 밑줄 친 낱말을 올바르게 고치세요.

> 다음 낱말에서는 덧붙이는 말 '수-' 뒤에 거센소리(ㅊ, ㅋ, ㅌ, ㅍ)를 쓰는 것을 표준어로 한다.
>
> 예) 수캉아지(O), 수강아지(X)
>
> 암캉아지(O), 암캉아지(X)
>
> 수/암 + 캉아지, 캐, 컷, 키와, 탉, 탕나귀, 톨쩌귀, 퇘지, 평아리(9개 동물이름 적용)

1) 수캉아지는 자라서 씩씩한 _수개_가 되었다.

( )

2) 이 병아리가 암평아리예요. _수병아리_예요?

( )

3) _수당나귀_는 게으른 _수돼지_에게 화를 냈다.

( ) ( )

4) 암탉은 _수닭_의 낭비 버릇이 못마땅했어요.

( )

4. 다음 글을 참고하여 올바른 단어를 고르세요.

양성 모음(ㅏ, ㅑ, ㅗ, ㅛ 등)이 음성 모음(ㅓ, ㅕ, ㅜ, ㅠ, 등)으로 바뀌어 굳어진 다음 낱말은 음성 모음 형태를 표준어로 삼는다.

예) 깡충깡충(O), 깡총깡총(X)

1) 토끼가 (깡충깡충 / 깡총깡총) 뛴다.

2) 넘어져도 일어나는 (오똑이 / 오뚝이)

3) 털이 검은 우리 개는 (검둥이 / 검동이) 고요.

4) 우리 동생 막내 동생은 (흰동이 / 흰둥이) 고요.

5) 눈도 코도 똑같으면 (쌍둥이 / 쌍동이) 래요.

5. 다음 글을 참고하여, 올바른 단어를 고르세요.

다음의 낱말처럼 모음의 발음이 바뀌어 굳어진 형태를 표준어로 삼는다. 예) 호루라기(O), 호로라기(X) 지루하다(O), 지로하다(X)

1) 벌써 열흘째 결석을 했는데도 선생님께서는 나를 (나무라지 / 나무래지) 않으셨다.

2) 그런데 (깍정이 / 깍쟁이) 영애는 내가 혼나길 은근히 (바라는 / 바래는) 눈치였다.

3) 여전히 솜씨가 (좋구료 / 좋구려).

6. 다음 글을 참고하여, 낱말을 올바르게 고쳐 써 보세요.

> 다음 낱말은 뒷말의 모음 'ㅣ'의 영향을 받아 앞말의 모음 'ㅏ'가 'ㅐ'로 되는 형태를 표준어로 삼는다.
>
> 예) 동댕이치다(O), 동당이치다(X)
>
> -내기(O), -나기(X)
>
> 단, '아지랑이'는 이 규칙을 따르지 않습니다.

1) 남비 → (　　　　　　)

2) 서울나기 → (　　　　　　)

3) 시골나기 → (　　　　　　)

7. 다음 글을 참고하여, 올바른 단어를 고르세요.

기술자에게 '-장이'를 쓰고, 그 외에는 '-쟁이'가 붙는 형태를 표준어로 삼는다. 예) 미장이(O), 미쟁이(X) 멋쟁이(O), 멋장이(X) -장이 : 미장이, 유기장이, 땜장이, 옹기장이 -쟁이 : 멋쟁이, 소금쟁이, 담쟁이, 골목쟁이, 연애쟁이, 점쟁이

1. 연못 위에 (소금쟁이 / 소금쟁이)가 팔짝팔짝 뛰어오르고 있어요.

2. 내가 그렇게 (욕심장이 / 욕심쟁이) 야?

3. 사실 그는 (요술쟁이 / 요술장이) 였다.

4. '옹기를 만드는 사람'을 무엇이라고 부르나요?

8. 다음 글을 참고하여 올바른 단어를 고르세요.

> '웃-' 및 '윗-'은 '윗-'으로 쓰는 것을 표준어로 삼는다.
>
> 예) 윗니(O) 웃니(X)
>
> '웃' 및 '윗'은 된소리(ㄲ, ㄸ, ㅃ, ㅆ, ㅉ)나 거센소리(ㅊ, ㅋ, ㅌ, ㅍ) 앞에서는 '위-'로 쓴다.
>
> 예) 위쪽(O), 윗쪽(X)
>
> '웃-' 및 '윗'은 '아래, 위'에 대립이 없는 낱말에는 '웃-'으로 쓴 말을 표준어로 삼는다.
>
> 예) *웃기(O), 윗기(X)
>
> *웃기: 떡, 포, 과실등 괸 위에 볼품으로 올려 놓는 재료

1) 사다리꼴의 넓이는 (웃변 / 윗변)과 아랫변의 길이, 높이를 곱해서 구한다.

2) 가슴이랑 팔은 (웃도리 / 윗도리)이고, 엉덩이랑 발은 아랫도리래요.

3) 체육시간에 (윗몸일으키기 / 웃몸일으키기)를 했습니다.

4) 아랫입술과 (웃입술 / 윗입술)에 상처가 났다.

5) (윗물 / 웃물)이 맑아야 아랫물이 맑다.

6) (위마을 / 윗마을)에 사는 갑돌이와 아랫마을에 사는 갑순이는 서로 사랑을 했더랍니다.

7) 맷돌에서 손잡이 달린 부분이 (위짝 / 윗짝)이냐 아래짝이냐?

8) 어머니께서는 가족들의 양말과 속옷을 항상 서랍 제일 (위칸 / 윗칸)에 넣어두신다.

9) (윗눈썹 / 위눈썹)   (윗팔 / 위팔)

10) (윗턱 / 위턱)   (위층 / 윗층)

11) 설날에는 (웃어른 / 윗어른)께 세배를 한다.

12) 두루마기는 겉에 입는 (웃옷 / 윗옷) 입니다.

9. 다음 글을 참고하여 낱말을 올바르게 고쳐 써 보세요.

한자 구(句)가 붙어서 이루어진 낱말은 '귀'로 쓰지 않고, '구'로 쓴다. 예) 시구 (詩句) (O), 시귀 (詩句) (X) 단, '귀글, 글귀'은 '귀'로 쓰는 말을 표준어로 삼는다.

1) 나는 조용한 자장 노래의 (시구 / 시귀)가 좋다.

2) 대화할 때 적당한 (어구 / 어귀)가 생각나지 않았다.

3) 비슷한 (구절 / 귀절)을 나란히 적었다.

4) 나란히 짝지어져 (대귀 / 대구)를 이루게 했다.

10. 다음 글을 참고하여, 낱말을 올바르게 고쳐 써 보세요.

준말이 쓰이고 있더라도, 본말이 널리 쓰이고 있으면 본말을 표준어도 삼는다. 예) 귀이개(O), 귀개(X)

1) 창수는 사람들이 다 논에 나가 일을 하는데도, 혼자서 (돗 / 돗자리)에 누워 낮잠을 잤다.

2) 부럼은 일 년 내내 (부럼 / 부스럼)을 앓지 않게 해 준다고 하여 정월 대보름에 까먹는 호두나 땅콩을 의미합니다.

3) 밭을 열심히 (일었습니다 / 일구었습니다).

4) 사장이 월급을 떼먹으려고 한다는 (낌 / 낌새)을 알아차렸다.

11. 다음 글을 참고로 하여 본말은 준말로, 준말은 본말로 바꿔 써 보세요.

준말과 본말이 다 같이 쓰이면서 준말의 효용이 뚜렷이 인정되는 것은 두 가지를 다 표준어로 삼는다. 예) 막대기(O), 막대(O) 망태기(O), 망대(O), 시누이(O), 시누(O), 시뉘(O)

1) 산 너머로 *노을*이 붉게 물들어 가고 있었다.

( )

2) 가슴에 들꽃을 한 아름 안은 *오뉘*가 노을을 바라보고 있었다.

( )

3) 여기서 *머무르고* 있을 시간이 없어요.

( )

4) 영애야, 빨리 *서둘자*.

( )

5) 구구단을 *외우며* 집에 갔습니다.

( )

12. 다음 글을 참고하여 예시 단어를 읽어보세요.

> 받침소리로는 'ㄱ, ㄴ, ㄷ, ㄹ, ㅁ, ㅂ, ㅇ'의 7개 자음으로만 발음된다.
>
> --
>
> 받침 'ㄲ, ㅋ', 'ㅅ, ㅆ, ㅈ, ㅊ, ㅌ', 'ㅍ'은 어말 또는 자음 앞에서 각각 대표음 [ㄱ, ㄷ, ㅂ]으로 발음된다.

닦다[닥따]　　키읔[키윽]　　키읔과[키윽꽈]

옷[옫]　　웃다[욷따]　　있다[읻따]

젖[젇]　　꽃[꼳]　　쫓다[쫃따]

앞[압]　　덮다[덥따]

13. 다음 글을 참고하여 예시 단어를 읽어보세요.

[ㄱ], [ㄷ], [ㅂ]으로 소리나는 받침 'ㄱ(ㄲ, ㅋ, ㄳ, ㄺ), ㄷ(ㅅ, ㅆ, ㅈ, ㅊ, ㅌ), ㅂ(ㅍ, ㄼ, ㅄ)' 뒤에 연결되는 'ㄱ, ㄷ, ㅂ, ㅅ, ㅈ'은 된소리로 발음한다.

예) 뻗대다[뻗때다](O), [뻗대다](X)

어간 받침 'ㄴ(ㄵ)', 'ㅁ(ㄻ)' 뒤에 연결되는 어미의 첫소리 'ㄱ, ㄷ, ㅅ, ㅈ'은 된소리로 발음한다.

예) 신고[신꼬](O), [신고](X)

한자어에서 'ㄹ' 받침 뒤에 연결되는 'ㄷ, ㅅ, ㅈ'은 된소리로 발음한다.

예) 물질[물찔](O), [물질](X),

갈증[갈쯩](O), [갈증](X)

국밥 [국빱]	깎다[깍따]	닭장[닥짱]
꽃다발[꼳따발]	낯설다[낟썰다]	옷고름[옫꼬름]
덮개[덥깨]	옆집[엽찝]	읊조리다[읍쪼리다]
신고[신꼬]	껴안다[껴안따]	앉고[안꼬]
삼고[삼꼬]	넓게[널께]	핥다[할따]
갈등[갈뜽]	절도[절또]	일시[일씨]
갈증[갈쯩]	물질[물찔]	발전[발쩐]
문고리[문꼬리]	눈동자[눈똥자]	술잔[술짠]
그믐달[그믐딸]	아침밥[아침빱]	잠자리[잠짜리]
등불[등뿔]	강줄기[강쭐기]	발바닥[발빠닥]

14. 예시 단어를 읽어보세요.

글자	발음
국밥	[국빱]
꽃다발	[꼳따발]
덮개	[덥깨]
신고	[신꼬]
삼고	[삼꼬]
갈등	[갈뜽]
갈증	[갈쯩]
문고리	[문꼬리]
그믐달	[그믐딸]
등불	[등뿔]
닭장	[닥짱]
옷고름	[옫꼬름]
읊조리다	[읍쪼리다]
앉고	[안꼬]
핥다	[할따]
일시	[일씨]
발전	[발쩐]
술잔	[술짠]
잠자리	[잠짜리]
발바닥	[발빠닥]

4. 높임말 익히기

1. 다음 밑줄 친 말의 높임말을 ( )안에 알맞게 써 보세요.

1) 제 어머니의 ( )은 내 *생일* 바로 다음 날입니다.

2) 내 *말*은 다 들으신 선생님께서는 어이가 없는지 한동안 아무 ( )도 안 하셨다.

3) 선이야, *밥*이 다 되었으니, 할아버지께 ( ) 잡수시라고 말씀드려라.

4) 우리 *집*은 바로 여기입니다.
그런데 아저씨 ( )은 어디세요?

5) 나*에게* 온 이 물건을 아버지( ) 갖다 드리세요.

6) 내 *나이*는 12살이고 내 아버지의 ( )는 40살이다.

7) 내*가* 부탁드려 어머니( ) 이 도시락을 싸 주셨어요.

2. 다음 문장에서 높이는 대상에 맞게 쓰지 않은 곳을 찾아 바르게 고쳐 써 보세요.

1) 종일이는 외할머니를 데리고 학교에 가셨습니다.

____

2) “선생님, 내 짝꿍 좀 봐요.”

____

3) 어머니께서는 밥을 먹고 설거지를 했습니다.

____

4) “길수야, 할아버지 데리고 병원에 가자.”

____

5) 할아버지가 갑자기 아파서, 나는 병원에 함께 갔습니다.

____

6) 할아버지는 병원에서 주사를 맞았습니다.

____

7) 병원에서 돌아온 할아버지는 약을 먹고 두 시간을 잤습니다.

____

답안지

답안지

I 목표영역: 한글 자음, 모음 익히기

2. 다음 자음이름에 맞는 글자를, 글자에 맞는 이름을 쓰세요.(14쪽)

(1) ㄱ	(i) 미음
(2) ㄷ	(ii) 비읍
(3) ㅁ	(iii) 시옷
(4) ㅂ	(iv) 티읕
(5) ㅅ	(v) 피읖
(6) ㅇ	(vi) 히읗
(7) ㅊ	(vii) 기역
(8) ㅋ	(viii) 리을
(9) ㅎ	(ix) 지읒
(10) ㄹ	(x) 이응

3. 빈 칸에 차례대로 자음을 채우세요.(15쪽)

(1)

ㄱ	→	ㄴ	→	ㄷ	→	ㄹ	→	ㅁ
→	ㅂ	→	ㅅ	→	ㅇ	→	ㅈ	→
ㅊ	→	ㅋ	→	ㅌ	→	ㅍ	→	ㅎ

(2)

ㄱ	→	ㄴ	→	ㄷ	→	ㄹ	→	ㅁ

(3)

ㅁ	→	ㅂ	→	ㅅ	→	ㅇ	→	ㅈ

(4)

ㄱ	→	ㄴ	→	ㄷ	→	ㄹ	→	ㅁ

4. 다음 자음 이름으로 바른 것을 고르세요.(16쪽)
   (1) ②디귿
   (2) ①시옷
   (3) ②치읓
   (4) ②티읕
   (5) ③히읗
   (6) ③니은

II 목표영역: 발음 2 문장연습-올바른 쓰기

1-1. 다음 중 올바른 것에 동그라미 하세요.(45쪽)
   ① 간간이
   ② 느긋이
   ③ 고요히
   ④ 나는
   ⑤ 나침반/나침판
   ⑥ 널빤지
   ⑦ 예뻤대
   ⑧ 시원한데
   ⑨ 돼요
   ⑩ 됐다

2-1.다음 중 올바른 것에 동그라미 하세요.(47쪽)
   ① 노는
   ② 미안하던지
   ③ 가든지/오든지
   ④ 예쁘데
   ⑤ 돼요
   ⑥ 돼
   ⑦ 되라고

⑧ 두 살배기
⑨ 띠고
⑩ 띄는

3-1. 다음 중 올바른 것에 동그라미 하세요.(49쪽)
① 마십시오
② 마시오
③ 만듦
④ 맞혔다
⑤ 맞춰
⑥ 마쳤다
⑦ 바람
⑧ 바랬다
⑨ 백분율
⑩ 벌이다

4-1.다음 중 올바른 것에 동그라미 하세요.(51쪽)
① 윗도리
② 간소히
③ 꼭두각시
④ 갈빗대
⑤ 쌉싸래한
⑥ 갑자기
⑦ 간편히
⑧ 뿔뿔이
⑨ 잃어버린
⑩ 잡수세요

5-1.다음 중 올바른 것에 동그라미 하세요.(53쪽)
① 채비
② 아등바등
③ 켕긴다
④ 뜬금없이
⑤ 안절부절 못했다
⑥ 주책없이
⑦ 녹슬었다
⑧ 끌어라
⑨ 눈살
⑩ 거꾸로

6-1.다음 중 올바른 것에 동그라미 하세요.(55쪽)
① 바빴다
② 어렵습니다
③ 나부랭이
④ 가리켰다
⑤ 가냘프게
⑥ 칼국수
⑦ 그다지
⑧ 이야깃거리
⑨ 냄새
⑩ 뚝배기

7-1. 다음 중 올바른 것에 동그라미 하세요.(57쪽)
① 금세
② 띈다
③ 몹시
④ 치러진다
⑤ 꽂혀
⑥ 계십니다
⑦ 고친다
⑧ 깻잎
⑨ 공평히
⑩ 과감히

8-1. 다음 중 올바른 것에 동그라미 하세요.(59쪽)
① 달려
② 돋워
③ 돌멩이
④ 돌길
⑤ 어물쩍
⑥ 불린다
⑦ 배낭
⑧ 자둘걸
⑨ 예쁠까
⑩ 떠나려고

9-1. 다음 중 올바른 것에 동그라미 하세요.(61쪽)
① 데우고

② 쫓고
③ 껍질째
④ 둘러싸인
⑤ 인력
⑥ 멋지던데
⑦ 있대
⑧ 박여있다
⑨ 박인
⑩ 박혔다

10-1. 다음 중 올바른 것에 동그라미 하세요.(63쪽)
① 귀띔
② 귓밥
③ 설렘
④ 수줍게
⑤ 아차
⑥ 얼떨결
⑦ 숙맥
⑧ 젖힌
⑨ 끄떡거렸다
⑩ 하루살이

11-1. 다음 중 올바른 것에 동그라미 하세요.(65쪽)
① 새색시
② 안건
③ 메웠다
④ 설거지
⑤ 어느덧
⑥ 비춰졌다
⑦ 불리고
⑧ 그렇든지
⑨ 그렇지만
⑩ 그쪽에

12-1. 다음 중 올바른 것에 동그라미 하세요.(67쪽)
① 급히
② 기승떨고
③ 기필코
④ 까다롭다
⑤ 가득
⑥ 한쪽
⑦ 실망스럽다
⑧ 걸핏하면
⑨ 낚싯대
⑩ 생각난다

13-1. 다음 중 올바른 것에 동그라미 하세요.(69쪽)
① 돼지고기
② 낯선
③ 바란다
④ 세 살배기
⑤ 피워라
⑥ 당긴다
⑦ 덥석
⑧ 깨트렸다
⑨ 깻잎
⑩ 꽹과리

14-1. 다음 중 올바른 것에 동그라미 하세요.(71쪽)
① 꾸준히
② 끄나풀
③ 발부리
④ 켜켜이
⑤ 잦아졌다
⑥ 날아가다
⑦ 샜다
⑧ 쐬었다
⑨ 할게
⑩ 욕된

15-1. 다음 중 올바른 것에 동그라미 하세요.(73쪽)
① 흉측
② 망측
③ 뒤처지고
④ 뒤집어
⑤ 웬만하면
⑥ 웬
⑦ 왠지

⑧ 부스럭대는
⑨ 육개장
⑩ 나룻배

16-1. 다음 중 올바른 것에 동그라미 하세요.(75쪽)
① 나무라신다
② 나뭇가지
③ 나팔
④ 멋쟁이
⑤ 낭떠러지
⑥ 부슬부슬
⑦ 기꺼이
⑧ 닷새
⑨ 어떡해
⑩ 움츠렸다

17-1. 다음 중 올바른 것에 동그라미 하세요.(77쪽)
① 생각할는지
② 부치다
③ 부치고
④ 냄비
⑤ 부쳐
⑥ 붙여라
⑦ 붙여라
⑧ 부쳤다
⑨ 붙인다
⑩ 붙였다

18-1.다음 중 올바른 것에 동그라미 하세요.(79쪽)
① 받치고
② 받치다
③ 이장
④ 바친
⑤ 부딪치다
⑥ 더부룩했다
⑦ 부딪혔다
⑧ 부딪쳤다
⑨ 걷어붙이고
⑩ 떠들썩

19-1.다음 중 올바른 것에 동그라미 하세요.(81쪽)
① 나은
② 걷어붙이고
③ 떡볶이
④ 낱낱이
⑤ 냇물
⑥ 내색
⑦ 냠냠
⑧ 농지거리
⑨ 당선되려면
⑩ 그러므로

20-1. 다음 중 올바른 것에 동그라미 하세요.(83쪽)
① 어떡해
② 찌개
③ 잘되려면
④ 갑자기
⑤ 게재
⑥ 되고자
⑦ 벌여라
⑧ 벌어졌다
⑨ 벌여있다
⑩ 벌일

21-1.다음 중 올바른 것에 동그라미 하세요.(85쪽)
① 벌려라
② 벌려
③ 늘여라
④ 처박았다
⑤ 쳐부쉈다
⑥ 며칠
⑦ 재현
⑧ 재연
⑨ 예스러운
⑩ 뉘여라

22-1.다음 중 올바른 것에 동그라미 하세요.(87쪽)
① 고춧가루

② 능히
③ 다다랐다
④ 다다랐다
⑤ 달라
⑥ 낙지
⑦ 담배꽁초
⑧ 넓적한
⑨ 생각다 못해
⑩ 그깟

II 목표영역: 발음
3. 문장연습-글자와 발음의 차이

1-1. 틀린 곳을 찾아 밑줄을 긋고 바르게 고치세요.(89쪽)
① 꺼구로 → 거꾸로
② 금은달 → 그믐달, 눈섭 → 눈썹
③ 사냥군 → 사냥꾼
④ 너븐 → 넓은
⑤ 해엄 → 헤엄
⑥ 나문니플 → 나뭇잎을
⑦ 안니 → 않니
⑧ 쓰래기 → 쓰레기

2-1. 틀린 곳을 찾아 밑줄을 긋고 바르게 고치세요.(91쪽)
① 펼리해요 → 편리해요
② 다깠습니다 → 닦았습니다
③ 가계 → 가게
④ 구루 → 그루
⑤ 노리→ 놀이
⑥ 막따 → 맑다
⑦ 마즌편 → 맞은편
⑧ 밀집모자 → 밀짚모자

3-1. 틀린 곳을 찾아 밑줄을 긋고 바르게 고치세요.(93쪽)
① 모거리 → 목걸이
② 외삼춘 → 외삼촌
③ 해삐치 → 햇빛이
④ 암타기 → 암탉이
⑤ 시퍼요 → 싶어요
⑥ 실어졌어요 → 싫어졌어요
⑦ 까맛케 → 까맣게
⑧ 낳지 → 낫지

4-1. 틀린 곳을 찾아 밑줄을 긋고 바르게 고치세요.(95쪽)
① 떰니다 → 떱니다
② 거진말 → 거짓말
③ 부러 → 불어
④ 뒤지버져 → 뒤집어져
⑤ 꽃 → 꽃
⑥ 흑으로 → 흙으로
⑦ 빼먹기도 → 빼먹기도
⑧ 차래 → 차례

5-1. 틀린 곳을 찾아 밑줄을 긋고 바르게 고치세요.(97쪽)
① 압치마 → 앞치마
② 끌였습니다 → 끓였습니다
③ 집웅에서 → 지붕에서
④ 체초로 → 최초로
⑤ 낫는 → 낳는
⑥ 옌날 → 옛날
⑦ 무릅 → 무릎
⑧ 흐터져 → 흩어져

6-1. 틀린 곳을 찾아 밑줄을 긋고 바르게 고치세요.(99쪽)
① 안자 → 앉아
② 귀속말로 → 귓속말로
③ 암닭이다 → 암탉이야
④ 사랐습니다. → 살았습니다
⑤ 떠러지고 → 떨어지고
⑥ 저저습니다 → 젖었습니다
⑦ 비껴줍니다 → 빗겨줍니다

⑧ 노았습니다 → 놓았습니다

7-1. 틀린 곳을 찾아 밑줄을 긋고 바르게 고치세요.(101쪽)

① 젓소 → 젖소
② 설겆이 → 설거지
③ 윳놀이 → 윷놀이
④ 천눈 → 첫눈
⑤ 진는 → 짓는
⑥ 그내뛰기를 → 그네뛰기를
⑦ 뜨게질을 → 뜨개질을
⑧ 겯눈질만 → 곁눈질만

8-1. 틀린 곳을 찾아 밑줄을 긋고 바르게 고치세요.(103쪽)

① 싸인 → 쌓인
② 찟고 → 찧고
③ 무니가 → 무늬가
④ 덮혀 → 덮여
⑤ 깨었습니다 → 깨웠습니다
⑥ 살마서 → 삶아서
⑦ 불근 → 붉은
⑧ 망서리지 → 망설이지

9-1. 틀린 곳을 찾아 밑줄을 긋고 바르게 고치세요.(105쪽)

① 끄려 → 끓여
② 빛은 → 빗은
③ 비즌 → 빚은
④ 뚤렸습니다 → 뚫렸습니다
⑤ 실증 → 싫증
⑥ 거진말 → 거짓말
⑦ 이룰 → 이를
⑧ 주의 → 주위

10-1. 틀린 곳을 찾아 밑줄을 긋고 바르게 고치세요.(107쪽)

① 부시똘 → 부싯돌
② 배춘닢 → 배춧잎
③ 업자나 → 없잖아
④ 옴겨 → 옮겨
⑤ 끄넛습니다 → 끊었습니다
⑥ 뚜러서 → 뚫어서
⑦ 얼거서 → 엮어서
⑧ 낙시를 → 낚시를

11-1. 틀린 곳을 찾아 밑줄을 긋고 바르게 고치세요.(109쪽)

① 절믄이 → 젊은이
② 업드려 → 엎들려
③ 거름이 → 걸음이
④ 헐씬 → 훨씬
⑤ 새뱃돈이 → 세뱃돈이
⑥ 쫃겨나고 → 쫓겨나고
⑦ 맏보았습니다 → 맛보았습니다
⑧ 일어버렸다 → 잃어버렸다

12-1. 틀린 곳을 찾아 밑줄을 긋고 바르게 고치세요.(111쪽)

① 떯어지지도 → 떨어지지도
② 씼었다 → 씻었다
③ 살가츤 → 살갗은
④ 미듬직합니다 → 믿음직합니다
⑤ 돌맹이 → 돌멩이
⑥ 떱습니다 → 떫습니다
⑦ 옮겨 → 옮겨
⑧ 무르블 → 무릎을

13-1. 틀린 곳을 찾아 밑줄을 긋고 바르게 고치세요.(113쪽)

① 반듯이 → 반드시
② 반드시 → 반듯이
③ 깜작이야! → 깜짝이야!
④ 바랬던 → 바랐던
⑤ 드릴께요 → 드릴게요
⑥ 누었습니다 →누웠습니다
⑦ 겹겹히 → 겹겹이
⑧ 깊숙히 → 깊숙이

14-1. 틀린 곳을 찾아 밑줄을 긋고 바르게 고치세요.(115쪽)

① 빗습니다 → 빚습니다
② 빚습니다 → 빗습니다
③ 이튼날 → 이틑날
④ 사흔날 → 사흗날
⑤ 나흔날 → 나흗날
⑥ 테리비젼 → 텔레비젼
⑦ 잊어버렸다 → 잃어버렸다
⑧ 잃어버렸다 → 잊어버렸다

Ⅲ 목표영역 : 한글맞춤법
2, 잘못된 단어 정정하기

1. 발음상 잘못된 습관 때문에 맞춤법이 헷갈리는 단어들 입니다. 맞는 것을 고르세요.(141쪽)
   1) ① 가리어져서
   2) ① 곱빼기
   3) ② 괴고
   4) ① 굼벵이
   5) ① 그리고 나서
   6) ② 깍두기

2. 발음상 잘못된 습관 때문에 맞춤법이 헷갈리는 단어들 입니다. 맞는 것을 고르세요.(142쪽)
   1) ① 깔때기
   2) ② 꺾어서는
   3) ② 꼴찌
   4) ① 꿰맸다
   5) ① 납작
   6) ② 넙죽

3. 발음상 잘못된 습관 때문에 맞춤법이 헷갈리는 단어들 입니다. 맞는 것을 고르세요.(143쪽)
   1) ① 넷째
   2) ② 눈꺼풀
   3) ② 대꾸
   4) ① 덮인
   5) ① 데리러
   6) ② 돌멩이

4. 발음상 잘못된 습관 때문에 맞춤법이 헷갈리는 단어들 입니다. 맞는 것을 고르세요.(144쪽)
   1) ② 뒤치다꺼리
   2) ① 돌부리
   3) ① 맞춤옷
   4) ① 매뉴얼
   5) ② 머물러
   6) ① 멋쩍었다

5. 발음상 잘못된 습관 때문에 맞춤법이 헷갈리는 단어들 입니다. 맞는 것을 고르세요.(145쪽)
   1) ① 모둠
   2) ① 뭉게구름
   3) ② 밑동
   4) ① 발자국
   5) ② 베짱이
   6) ① 볼멘소리

6. 발음상 잘못된 습관 때문에 맞춤법이 헷갈리는 단어들 입니다. 맞는 것을 고르세요.(146쪽)
   1) ② 볼썽사납게
   2) ① 부스스
   3) ① 빙그레
   4) ② 뻐꾸기
   5) ① 살갗이
   6) ② 살코기

7. 발음상 잘못된 습관 때문에 맞춤법이 헷갈리는 단어들 입니다. 맞는 것을 고르세요.(147쪽)
   1) ② 서슴지
   2) ① 설거지
   3) ① 설레는
   4) ① 세제
   5) ② 소곤대기
   6) ① 아무튼

8. 발음상 잘못된 습관 때문에 맞춤법이 헷갈리는 단어들 입니다. 맞는 것을 고르세요.(148쪽)
   1) ② 알맞은
   2) ① 역할
   3) ② 오랜만에
   4) ① 오므리세요
   5) ① 오뚝이
   6) ② 왁자지껄

9. 발음상 잘못된 습관 때문에 맞춤법이 헷갈리는 단어들 입니다. 맞는 것을 고르세요.(149쪽)
   1) ② 울상
   2) ① 집게
   3) ① 짜깁기
   4) ② 찌개
   5) ① 통틀어
   6) ① 풍비박산

10. 발음상 잘못된 습관 때문에 맞춤법이 헷갈리는 단어들 입니다. 맞는 것을 고르세요.(150쪽)
   1) ① 해코지
   2) ① 헤매고
   3) ① 휘젓습니다
   4) ① 흉측
   5) ① 희끗희끗
   6) ② 이파리

Ⅲ 목표영역 : 한글맞춤법
3 올바른 규칙 익히기

1. 다음 글을 참고하여, 올바른 단어를 고르세요. (151쪽)
   1) ① 나팔꽃
   2) ③ 부엌
   3) ② 칸
   4) ③ 녘
   5) ③ 끄나풀

2. 다음 글을 참고하여, 올바른 단어를 고르세요. (152쪽)
   1) 수꿩
   2) 수놈
   3) 수소
   4) 수은행나무

3. 다음 글을 참고하여, 올바른 단어를 고르세요. (153쪽)
   1) 수캐
   2) 수평아리
   3) 수탕나귀, 수퇘지
   4) 수탉

4. 다음 글을 참고하여, 올바른 단어를 고르세요. (154쪽)
   1) 깡충깡충
   2) 오뚝이
   3) 검둥이
   4) 흰둥이
   5) 쌍둥이

5. 다음 글을 참고하여, 올바른 단어를 고르세요. (155쪽)
   1) 나무라지
   2) 깍쟁이, 바라는
   3) 좋구려

6. 다음 글을 참고하여, 올바른 단어를 고르세요. (156쪽)
   1) 냄비
   2) 서울내기
   3) 시골내기

7. 다음 글을 참고하여, 올바른 단어를 고르세요. (157쪽)
   1) 소금쟁이
   2) 욕심쟁이

3) 요술쟁이
4) 옹기장이

8. 다음 글을 참고하여, 올바른 단어를 고르세요.(158쪽)
1) 윗변
2) 윗도리
3) 윗몸일으키기
4) 윗입술
5) 윗물
6) 윗마을
7) 위짝
8) 위칸
9) 윗눈썹, 위팔
10) 위턱, 위층
11) 웃어른
12) 윗옷

9. 다음 글을 참고하여, 올바른 단어를 고르세요.(160쪽)
1) 시구
2) 어구
3) 구절
4) 대구

10. 다음 글을 참고하여, 올바른 단어를 고르세요.(161쪽)
1) 돗자리
2) 부스럼
3) 일구었습니다
4) 낌 새

11. 다음 글을 참고하여, 올바른 단어를 고르세요.(162쪽)
1) 놀
2) 오누이
3) 머물고
4) 서두르자
5) 외며

Ⅳ 목표영역: 한글맞춤법
4. 높임말 익히기

1. 다음 밑줄 친 말의 높임말을 (   )안에 알맞게 써 보세요.(167쪽)
1) 생신
2) 말씀
3) 진지
4) 댁
5) 께
6) 연세
7) 께서

2. 다음 문장에서 높이는 대상에 맞게 쓰지 않은 곳을 찾아 바르게 고쳐 써 보세요.(168쪽)
1) 종일이는 외할머니를 <u>모시고</u> 학교에 <u>갔습니다</u>.
2) 선생님, <u>제</u> 짝 좀 <u>보세요</u>.
3) 어머니께서는 <u>진지</u>를 <u>드시고</u> 설거지를 <u>하셨습니다</u>.
4) 길수야, 할아버지 <u>모시고</u> 병원에 가자.
5) 할아버지가 갑자기 <u>편찮으셔서</u>, <u>저는</u> 병원에 함께 갔습니다.
6) <u>할아버지께서</u> 병원에서 주사를 맞았습니다.
7) 병원에서 <u>돌아오신</u> <u>할아버지께서</u> 약을 <u>드시고</u> 두 시간을 <u>주무셨습니다</u>.